OEUVRES

POLITIQUES

DE J. J. ROUSSEAU.

TOME TROISIÈME.

DE L'IMPRIMERIE DE DIDOT LE JEUNE

RUE DES MAÇONS-SORBONNE, N° 13.

OEUVRES

POLITIQUES

DE J. J. ROUSSEAU;

ORNÉES DE FIGURES.

TOME TROISIÈME.

A PARIS,

CHEZ Mme VEUVE LEPETIT, LIBRAIRE,
RUE HAUTEFEUILLE, N° 30.

1821.

DISCOURS

SUR

L'ÉCONOMIE

POLITIQUE.

DISCOURS

SUR

L'ÉCONOMIE

POLITIQUE.

LE mot d'*Economie*, ou d'*Œconomie*, vient de ὄμος, *maison*, et de νόμος, *loi*, et ne signifie originairement que le sage et légitime gouvernement de la maison, pour le bien commun de toute la famille. Le sens de ce terme a été dans la suite étendu au gouvernement de la grande famille, qui est l'état. Pour distinguer ces deux acceptions, on l'appelle dans ce dernier cas, *économie générale*, ou *politique*; et dans l'autre, *économie domestique*, ou *particulière*. Ce n'est que de la première qu'il est question dans cet article.

Quand il y aurait entre l'état et la famille autant de rapport que plusieurs auteurs le prétendent, il ne s'ensuivrait pas pour cela que les règles de conduite propres à l'une de ces deux sociétés, fussent convenables à l'autre : elles diffèrent trop en grandeur pour pouvoir être administrées de la même maniere, et il y aura toujours une extrême différence entre le gouvernement domestique, où le père peut tout voir par lui-même, et le gouvernement civil, où le chef ne voit presque rien que par les yeux d'autrui. Pour que les choses devinssent égales à cet.égard, il faudrait que les talents, la force, et toutes les facultés du père, augmentassent en raison de la grandeur de la famille, et que l'ame d'un puissant monarque fût à celle d'un homme ordinaire, comme l'étendue de son empire est à l'héritage d'un particulier.

Mais comment le gouvernement de

l'état pourrait-il être semblable à celui
de la famille dont le fondement est si
différent ? Le père étant physiquement
plus fort que ses enfants, aussi long-
temps que son secours leur est nécessaire le pouvoir paternel passe , avec
raison, pour être établi par la nature.
Dans la grande famille , dont tous les
membres sont naturellement égaux ,
l'autorité politique, purement arbitraire
quant à son institution , ne peut être
fondée que sur des conventions, ni le
magistrat commander aux autres qu'en
vertu des lois. Le pouvoir du père sur
les enfants , fondé sur leur avantage
particulier, ne peut par sa nature s'é-
tendre jusqu'au droit de vie et de mort ;
mais le pouvoir souverain, qui n'a d'autre objet que le bien commun, n'a d'autres bornes que celles de l'utilité publique bien entendue : distinction que j'ex-
pliquerai dans son lieu. Les devoirs du
père lui sont dictés par des sentiments

naturels, et d'un ton qui lui permet rarement de désobéir : les chefs n'ont point de semblable règle, et ne sont réellement tenus envers le peuple qu'à ce qu'ils lui ont promis de faire, et dont il est en droit d'exiger l'exécution. Une autre différence plus importante encore, c'est que les enfants n'ayant rien que ce qu'ils reçoivent du père, il est évident que tous les droits de propriété lui appartiennent, ou émanent de lui : c'est tout le contraire dans la grande famille, où l'administration générale n'est établie que pour assurer la propriété particulière qui lui est antérieure. Le principal objet des travaux de toute la maison, est de conserver et d'accroître le patrimoine du père, afin qu'il puisse un jour le partager entre ses enfants sans les appauvrir : au lieu que la richesse du fisc n'est qu'un moyen, souvent fort mal entendu, pour maintenir les particuliers dans la paix et dans l'abondance. En un mot, la petite famille est destinée à s'éteindre, et à se résoudre un jour en plusieurs autres familles semblables : mais la grande étant faite pour durer toujours dans le même état, il faut que la première s'augmente pour se multiplier ; et non-seulement il suffit que l'autre se conserve, mais on peut prouver aisément que toute augmentation lui est plus préjudiciable qu'utile.

Par plusieurs raisons tirées de la nature de la chose, le père doit commander dans la famille. 1°. L'autorité ne doit pas être égale entre le père et la mère ; mais il faut que le gouvernement soit un, et que dans les partages d'avis il y ait une voix prépondérante qui décide. 2°. Quelque légères qu'on veuille supposer les incommodités particulières à la femme, comme elles sont toujours pour elle un intervalle d'inaction, c'est une raison suffisante pour l'exclure de cette primauté ; car, quand la balance est parfaitement égale, une paille suffit pour la faire pencher. De plus, le mari doit avoir inspection sur la conduite de sa femme, parce qu'il lui importe de s'assurer que les enfants qu'il est forcé de reconnaître et de nourrir n'appartiennent pas à d'autres qu'à lui : la femme, qui n'a rien de semblable à craindre, n'a pas le même droit sur le mari. 3°. Les enfants doivent obéir au père, d'abord par nécessité, ensuite par reconnaissance : après avoir reçu de lui leurs besoins durant la moitié de leur vie, ils doivent consacrer l'autre à pourvoir aux siens. 4°. A l'égard des domestiques, ils lui doivent aussi leurs services en échange de l'entretien qu'il leur donne ; sauf à rompre le marché dès qu'il cesse de leur convenir. Je ne parle point de l'esclavage, parce qu'il est contraire à la nature, et qu'aucun droit ne peut l'autoriser.

Il n'y a rien de tout cela dans la société politique. Loin que le chef ait un intérêt naturel au bonheur des particuliers, il ne lui est pas rare de chercher le sien dans leur misère. La magistrature est-elle héréditaire ? c'est souvent un enfant qui commande à des hommes : est-elle élective ? mille inconvénients se font sentir dans les élections, et l'on perd dans l'un et l'autre cas tous les avantages de la paternité. Si vous n'avez qu'un seul chef, vous êtes à la discrétion d'un maître qui n'a nulle raison de vous aimer ; si vous en avez plusieurs, il faut supporter à-la-fois leur tyrannie et leurs divisions. En un mot, les abus sont inévitables et leurs suites funestes dans toute société où l'intérêt public et les lois n'ont aucune force naturelle, et sont sans cesse attaqués par l'intérêt personnel et les passions du chef et des membres.

Quoique les fonctions du père de famille et du premier magistrat doivent tendre au même but, c'est par des voies si différentes, leur devoir et leurs droits sont tellement distingués, qu'on ne peut les confondre sans se former de fausses idées des lois fondamentales de la société, et sans tomber dans des erreurs fatales au genre humain. En effet, si la voix de la nature est le meilleur conseil que doive écouter un bon père pour bien remplir ses devoirs, elle n'est pour le magistrat qu'un faux guide qui travaille sans cesse à l'écarter des siens, et qui l'entraîne tôt ou tard à sa perte ou à celle de l'état, s'il n'est retenu par la plus sublime vertu. La seule précaution nécessaire au père de famille, est de se garantir de la dépravation, et d'empêcher que les inclinations naturelles ne se corrompent en lui ; mais ce sont elles qui corrompent le magistrat. Pour bien faire, le premier n'a qu'à consulter son cœur : l'autre devient un traître au moment qu'il écoute le sien ; sa raison même lui doit être suspecte, et il ne doit suivre d'autre règle que la raison publique, qui est la loi. Aussi la nature a-t-elle fait une multitude de bons pères de famille ; mais il est douteux que depuis l'existence du monde la sagesse humaine ait jamais fait dix hommes capables de gouverner leurs semblables.

De tout ce que je viens d'exposer, il s'ensuit que c'est avec raison qu'on a distingué *l'économie publique* de *l'économie particulière*, et que l'état n'ayant rien de commun avec la famille que l'obligation qu'ont les chefs de rendre heureux l'un et l'autre, leurs droits ne sauraient dériver de la même source, ni les mêmes règles de conduite convenir à tous les deux. J'ai cru qu'il suffirait de ce peu de lignes pour renverser l'odieux système que le chevalier Filmer a tâché d'établir dans un ouvrage intitulé *Patriarcha*, auquel deux hommes illustres ont fait trop d'honneur en écrivant des livres pour lui répondre. Au reste, cette erreur est fort ancienne, puisque Aristote même, qui l'adopte en certains lieux de ses Politiques, juge à propos de la combattre en d'autres.

Je prie mes lecteurs de bien distinguer encore *l'économie publique* dont j'ai à parler, et que j'appelle *gouvernement*, de l'autorité suprême que j'appelle *souveraineté*; distinction qui consiste en ce que l'une a le droit législatif, et oblige en certains cas le corps même de la nation, tandis que l'autre n'a que la puissance exécutrice, et ne peut obliger que les particuliers.

Qu'on me permette d'employer pour un moment une comparaison commune, et peu exacte à bien des égards, mais propre à me faire mieux entendre.

Le corps politique, pris individuellement, peut être considéré comme un corps organisé, vivant, et semblable à celui de l'homme. Le pouvoir souverain représente la tête : les lois et les coutumes sont le cerveau, principe des nerfs, et siége de l'entendement, de la volonté et des sens, dont les juges et magistrats sont les organes : le commerce, l'industrie et l'agriculture, sont la bouche et l'estomac qui préparent la subsistance commune ; les finances publiques sont le sang qu'une sage *économie*, en faisant les fonctions du cœur, renvoie distribuer partout le corps la nourriture et la vie : les citoyens sont le corps et les membres qui font mouvoir, vivre et travailler la machine, et qu'on ne saurait blesser en aucune partie, qu'aussitôt l'impression douloureuse ne s'en porte au cerveau, si l'animal est dans un état de santé.

La vie de l'un et de l'autre est le *moi* commun au tout, la sensibilité réciproque, et la correspondance interne

3.

de toutes les parties. Cette communication vient-elle à cesser, l'unité formelle à s'évanouir, et les parties contiguës à n'appartenir plus l'une à l'autre que par juxta-position ? l'homme est mort, ou l'état est dissous.

Le corps politique est donc aussi un être moral qui a une volonté ; et cette volonté générale, qui tend toujours à la conservation et au bien être du tout et de chaque partie, et qui est la source des lois, est pour tous les membres de l'état par rapport à eux et à lui, la règle du juste et de l'injuste : vérité qui, pour le dire en passant, montre avec combien de sens tant d'écrivains ont traité de vol la subtilité prescrite aux enfants de Lacédémone pour gagner leur frugal repas, comme si tout ce qu'ordonne la loi pouvait ne pas être légitime.

Il est important de remarquer que cette règle de justice, sûre par rapport

à tous les citoyens , peut être fautive
avec les étrangers ; et la raison de ceci
est évidente : c'est qu'alors la volonté
de l'état, quoique générale par rapport
à ses membres, ne l'est plus par rapport aux autres états et à leurs membres , mais devient pour eux une volonté particulière et individuelle , qui
a sa règle de justice dans la loi de nature , ce qui rentre également dans le
principe établi : car alors la grande
ville du monde devient le corps politique , dont la loi de nature est toujours
la volonté générale , et dont les états
et peuples divers ne sont que des membres individuels.

De ces mêmes distinctions appliquées
à chaque société politique et à ses membres , découlent les règles les plus uni-
verselles et les plus sûres sur lesquelles
on puisse juger d'un bon ou d'un mauvais gouvernement, et en général , de

la moralité de toutes les actions humaines.

Toute société politique est composée d'autres sociétés plus petites, de différentes espèces, dont chacune a ses intérêts et ses maximes ; mais ces sociétés, que chacun aperçoit parce qu'elles ont une forme extérieure et autorisée, ne sont pas les seules qui existent réellement dans l'état ; tous les particuliers qu'un intérêt commun réunit en composent autant d'autres, permanentes ou passagères, dont la force n'est pas moins réelle pour être moins apparente, et dont les divers rapports bien observés font la véritable connaissance des mœurs. Ce sont toutes ces associations, tacites ou formelles, qui modifient de tant de manières les apparences de la volonté publique par l'influence de la leur. La volonté de ces sociétés particulières a toujours deux relations ;

pour les membres de l'association, c'est une volonté générale ; pour la grande société, c'est une volonté particulière, qui très-souvent se trouve droite au premier égard, et vicieuse au second. Tel peut être prêtre dévot, ou brave soldat, ou patricien zélé, et mauvais citoyen. Telle délibération peut être avantageuse à la petite communauté, et très-pernicieuse à la grande. Il est vrai que les sociétés particulières étant toujours subordonnées à celles qui les contiennent, on doit obéir à celle-ci préférablement aux autres ; que les devoirs du citoyen vont avant ceux du sénateur, et ceux de l'homme avant ceux du citoyen : mais malheureusement l'intérêt personnel se trouve toujours en raison inverse du devoir, et augmente à mesure que l'association devient plus étroite et l'engagement moins sacré ; preuve invincible que la volonté la plus

générale est aussi toujours la plus juste,
et que la voix du peuple est en effet
la voix de Dieu.

Il ne s'ensuit pas pour cela que les
délibérations publiques soient toujours
équitables ; elles peuvent ne l'être pas
lorsqu'il s'agit d'affaires étrangères :
j'en ai dit la raison. Ainsi, il n'est
pas impossible qu'une république bien
gouvernée fasse une guerre injuste : il
ne l'est pas non plus que le conseil d'une
démocratie passe de mauvais décrets
et condamne les innocents ; mais cela
n'arrivera jamais, que le peuple ne
soit séduit par des intérêts particuliers,
qu'avec du crédit et de l'éloquence quelques hommes adroits sauront substituer
aux siens. Alors, autre chose sera la délibération publique, et autre chose la
volonté générale. Qu'on ne m'oppose
donc point la démocratie d'Athènes,
parce qu'Athènes n'était point en effet

une démocratie, mais une aristocratie très-tyrannique, gouvernée par des savants et des orateurs. Examinez avec soin ce qui se passe dans une délibération quelconque, et vous verrez que la volonté générale est toujours pour le bien commun ; mais très-souvent il se fait une scission secrète, une confédération tacite, qui, pour des vues particulières, sait éluder la disposition naturelle de l'assemblée. Alors le corps social se divise réellement en d'autres dont les membres prennent une volonté générale, bonne et juste à l'égard de ces nouveaux corps, injuste et mauvaise à l'égard du tout dont chacun d'eux se démembre.

On voit avec quelle facilité l'on explique, à l'aide de ces principes, les contradictions apparentes qu'on remarque dans la conduite de tant d'hommes remplis de scrupule et d'honneur à certains égards, trompeurs et frippons à

d'autres, foulant aux pieds les plus sacrés devoirs, et fidèles jusqu'à la mort
à des engagements souvent illégitimes.
C'est ainsi que les hommes les plus cor-
rompus rendent toujours quelque sorte
d'hommage à la foi publique ; c'est ainsi
que les brigands mêmes, qui sont les
ennemis de la vertu dans la grande société, en adorent le simulacre dans
leurs cavernes.

En établissant la volonté générale
pour premier prince de l'*économie* publique et règle fondamentale du gouvernement, je n'ai pas cru nécessaire
d'examiner sérieusement si les magistrats appartiennent au peuple ou le peuple aux magistrats, et si dans les affaires publiques on doit consulter le
bien de l'état ou celui des chefs. Depuis longtemps cette question a été dé-
cidée d'une manière par la pratique,
et d'une autre par la raison ; et en général ce serait une grande folie d'es-

pérer que ceux qui dans le fait sont les maîtres, préféreront un autre intérêt au leur. Il serait donc à propos de diviser encore l'*économie* publique en populaire et tyrannique. La première est celle de tout état où règne entre le peuple et les chefs unité d'intérêt et de volonté ; l'autre existera nécessairement partout où le gouvernement et le peuple auront des intérêts différents, et par conséquent des volontés opposées. Les maximes de celle-ci sont inscrites au long dans les archives de l'histoire et dans les satires de Machiavel : les autres ne se trouvent que dans les écrits des philosophes qui osent réclamer les droits de l'humanité.

I. La première et plus importante maxime du gouvernement légitime ou populaire, c'est-à-dire, de celui qui a pour objet le bien du peuple, est donc, comme je l'ai dit, de suivre en tout la volonté générale ; mais pour la sui-

vre il faut la connaitre, et surtout la
bien distinguer de la volonté particulière, en commençant par soi-même :
distinction toujours fort difficile à faire,
et pour laquelle il n'appartient qu'à la
plus sublime vertu de donner de suffi-
santes lumieres. Comme pour vouloir il
faut être libre, une autre difficulté qui
n'est guére moindre, est d'assurer à-la-
fois la liberté publique et l'autorité du
gouvernement. Cherchez les motifs qui
ont porté les hommes unis par leurs besoins mutuels dans la grande société,
à s'unir plus étroitement par des sociétés civiles ; vous n'en trouverez point
d'autre que celui d'assurer les biens, la
vie et la liberté de chaque membre
par la protection de tous. Or comment
forcer les hommes à défendre la liberté
de l'un d'entre eux, sans porter atteinte
à celle des autres ? et comment pourvoir aux besoins publics, sans altérer la
propriété particulière de ceux qu'on

force d'y contribuer ? De quelques so-
phismes qu'on puisse colorer tout cela,
il est certain que si l'on peut contraindre ma volonté je ne suis plus libre,
et que je ne suis plus maître de mon
bien si quelque autre peut y toucher.
Cette difficulté, qui devait sembler in-
surmontable, a été levée avec la première par la plus sublime de toutes les
institutions humaines, ou plutôt par
une inspiration céleste, qui apprit à
l'homme à imiter ici-bas les décrets im-
muables de la divinité. Par quel art
inconcevable a-t-on pu trouver le moyen
d'assujétir les hommes pour les rendre
libres ? d'employer au service de l'état
les biens, les bras, et la vie même de
tous ses membres, sans les contraindre
et sans les consulter ? d'enchaîner leur
volonté de leur propre aveu ? de faire
valoir leur consentement contre leur
refus, et de les forcer à se punir eux-
mêmes quand ils font ce qu'ils n'ont

pas voulu? Comment se peut-il faire qu'i's obéissent et que personne ne commande, qu'ils servent et n'aient point de maître; d'autant plus libres en effet, que, sous une apparente sujétion, nul ne perd de sa liberté que ce qui peut nuire à celle d'un autre? Ces prodiges sont l'ouvrage de la loi. C'est à la loi seule que les hommes doivent la justice et la liberté. C'est cet organe salutaire de la volonté de tous, qui rétablit dans le droit l'égalité naturelle entre les hommes. C'est cette voix céleste qui dicte à chaque citoyen les préceptes de la raison publique, et lui apprend à agir selon les maximes de son propre jugement, et à n'être pas en contradiction avec lui-même. C'est elle seule aussi que les chefs doivent faire parler quand ils commandent; car, sitôt qu'indépendamment des lois un homme en prétend soumettre un autre à sa volonté privée, il sort à l'instant de l'état civil, et se met vis-à-vis de lui dans le pur état de nature, où l'obéissance n'est jamais prescrite que par la nécessité.

Le plus pressant intérêt du chef, de même que son devoir le plus indispensable, est donc de veiller à l'observation des lois dont il est le ministre, et sur lesquelles est fondée toute son autorité. S'il doit les faire observer aux autres, à plus forte raison doit-il les observer lui-même qui jouit de toute leur faveur. Car son exemple est de telle force, que quand même le peuple voudrait bien souffrir qu'il s'affranchit du joug de la loi, il devrait se garder de profiter d'une si dangereuse prérogative, que d'autres s'efforceraient bientôt d'usurper à leur tour, et souvent à son préjudice. Au fond, comme tous les engagements de la société sont réciproques par leur nature, il n'est pas possible de se mettre au dessus de la loi sans renoncer à ses avantages, et personne ne doit rien à quiconque prétend ne rien devoir à personne. Par la même raison, nulle exemption de la loi ne sera jamais accordée, à quelque titre que ce puisse être, dans un gouvernement bien policé. Les citoyens mêmes qui ont bien mérité de la patrie doivent être récompensés par des honneurs, et jamais par des priviléges ; car la république est à la veille de sa ruine, sitôt que quelqu'un peut penser qu'il est beau de ne pas obéir aux lois. Mais si jamais la noblesse, ou le militaire, ou quelqu'autre ordre de l'état, adoptait une pareille maxime, tout serait perdu sans ressource.

La puissance des lois dépend encore plus de leur propre sagesse que de la sévérité de leurs ministres, et la volonté publique tire son plus grand poids de la raison qui l'a dictée : c'est pour cela que Platon regarde comme une précaution très-importante de mettre toujours à la tête des édits un préambule raisonné qui en montre la justice et l'utilité. En effet, la premiere des lois est de respecter les lois : la rigueur des châtiments n'est qu'une vaine ressource imaginée par de petits esprits pour substituer la terreur à ce respect qu'ils ne peuvent obtenir. On a toujours remarqué que les pays où les supplices sont le plus terribles , sont aussi ceux où ils sont le plus fréquents ; de sorte que la cruauté des peines ne marque guère que la multitude des infracteurs, et qu'en punissant tout avec la même sévérité, l'on force les coupables de commettre des crimes pour échapper à la punition de leurs fautes.

Mais, quoique le gouvernement ne soit pas le maître de la loi, c'est beaucoup d'en être le garant et d'avoir mille moyens de la faire aimer : ce n'est qu'en cela que consiste le talent de régner.

Quand on a la force en main, il n'y a point d'art à faire trembler tout le monde, et il n'y en a pas même beaucoup à gagner les cœurs ; car l'expérience a depuis long-temps appris au peuple à tenir grand compte à ses chefs de tout le mal qu'ils ne lui font pas, et à les adorer quand il n'en est pas haï. Un imbécille obéi peut comme un autre punir les forfaits : le véritable homme d'état sait les prévenir ; c'est sur les volontés encore plus que sur les actions qu'il étend son respectable empire. S'il pouvait obtenir que tout le monde fît bien, il n'aurait lui-même plus rien à faire, et le chef-d'œuvre de ses travaux serait de pouvoir rester oisif. Il est certain, du moins, que le plus grand talent des chefs est de déguiser leur pouvoir pour le rendre moins odieux, et de conduire l'état si paisiblement, qu'il semble n'avoir pas besoin de conducteurs.

Je conclus donc, que comme le premier devoir du législateur est de conformer les lois à la volonté générale, la première règle de l'*économie* publique est que l'administration soit conforme aux lois. C'en sera même assez pour que l'état ne soit pas mal gouverné, si le législateur a pourvu, comme il le devait, à tout ce qu'exigeaient les lieux, le climat, le sol, les mœurs, le voisinage, et tous les rapports particuliers du peuple qu'il avait à instituer. Ce n'est pas qu'il ne reste encore une infinité de détails de police et d'économie, abandonnés à la sagesse du gouvernement ; mais il a toujours deux règles infaillibles pour se bien conduire dans ces occasions : l'une est l'esprit de la loi, qui doit servir à la décision des cas qu'elle n'a pu prévoir : l'autre est la volonté générale, source et supplément de toutes les lois, et qui doit toujours être consultée à leur défaut. Comment, me dira-t-on, connaître la volonté générale dans les cas où elle ne s'est point expliquée ? Faudra-t-il assembler toute la nation à chaque événement imprévu ? Il faudra d'autant moins l'assembler, qu'il n'est pas sûr que sa décision fût l'expression de la volonté générale ; que ce moyen est impraticable dans un grand peuple, et qu'il est rarement nécessaire quand le gouvernement est bien intentionné : car les chefs savent assez que la volonté générale est toujours pour le parti le plus favorable à l'intérêt public, c'est-à-dire, le plus équitable ; de sorte qu'il ne faut qu'être juste pour s'assurer de suivre la volonté générale. Souvent, quand on la choque trop ouvertement, elle se laisse apercevoir malgré le frein terrible de l'autorité publique. Je cherche le plus près qu'il m'est possible les exemples à suivre en pareil cas. A la Chine, le prince a pour maxime

constante de donner le tort à ses officiers dans toutes les altercations qui
s'élèvent entr'eux et le peuple. Le pain
est-il cher dans une province ? l'inten-
dant est mis en prison : se fait-il dans
une autre une émeute ? le gouverneur
est cassé, et chaque mandarin répond
sur sa tête de tout le mal qui arrive
dans son département. Ce n'est pas qu'on
n'examine ensuite l'affaire dans un procès régulier ; mais une longue expérience en a fait prévenir ainsi le jugement. L'on a rarement en cela quelqu'injustice à réparer ; et l'empereur ,
persuadé que la clameur publique ne
s'élève jamais sans sujet, démêle toujours , au travers des cris séditieux
qu'il punit, de justes griefs qu'il re-
dresse.

C'est beaucoup que d'avoir fait régner l'ordre et la paix dans toutes les
parties de la république ; c'est beaucoup
que l'état soit tranquille et la loi res

pectée ; mais si l'on ne fait rien de plus,
il y aura dans tout cela plus d'apparence que de réalité, et le gouvernement se fera difficilement obéir s'il se
borne à l'obéissance. S'il est bon de savoir employer les hommes tels qu'ils
sont, il vaut beaucoup mieux encore
les rendre tels qu'on a besoin qu'ils
soient ; l'autorité la plus absolue est
celle qui pénètre jusqu'à l'intérieur de
l'homme, et ne s'exerce pas moins sur
la volonté que sur les actions. Il est
certain que les peuples sont à la longue ce que le gouvernement les fait
être ; guerriers, citoyens, hommes,
quand il le veut ; populace et canaille
quand il lui plaît : et tout prince qui
méprise ses sujets, se déshonore lui-
même en montrant qu'il n'a pas su les
rendre estimables. Formez donc des
hommes, si vous voulez commander à
des hommes ; si vous voulez qu'on obéis-
se aux lois, faites qu'on les aime, et

que pour faire ce qu'on doit il suffise de songer qu'on le doit faire. C'était-là le grand art des gouvernements anciens, dans ces temps reculés où les philosophes donnaient des lois aux peuples, et n'employaient leur autorité qu'à les rendre sages et heureux. De là tant de lois somptuaires, tant de réglemens sur les mœurs, tant de maximes publiques, admises ou rejetées avec le plus grand soin. Les tyrans mêmes n'oubliaient pas cette importante partie de l'administration, et on les voyait attentifs à corrompre les mœurs de leurs esclaves, avec autant de soin qu'en avaient les magistrats à corriger celles de leurs concitoyens. Mais nos gouvernements modernes, qui croient avoir tout fait quand ils ont tiré de l'argent, n'imaginent pas même qu'il soit nécessaire ou possible d'aller jusques là.

II. Seconde règle essentielle de l'économie publique, non moins importante que la première. Voulez-vous que la volonté générale soit accomplie? faites que toutes les volontés particulières s'y rapportent; et comme la vertu n'est que cette conformité de la volonté particulière à la générale, pour dire la même chose en un mot, faites régner la vertu.

Si les politiques étaient moins aveuglés par leur ambition, ils verraient combien il est impossible qu'aucun établissement, quel qu'il soit, puisse marcher selon l'esprit de son institution, s'il n'est dirigé selon la loi du devoir; ils sentiraient que le plus grand ressort de l'autorité publique est dans le cœur des citoyens, et que rien ne peut suppléer aux mœurs pour le maintien du gouvernement. Non-seulement il n'y a que des gens de bien qui sachent administrer les lois; mais il n'y a dans le fond que d'honnêtes gens qui sachent leur obéir. Celui qui vient à bout de braver les remords, ne tardera pas à braver les supplices : châtiment moins rigoureux, moins continuel, et auquel on a du moins l'espoir d'échapper ; et quelques précautions qu'on prenne, ceux qui n'attendent que l'impunité pour mal faire, ne manquent guère de moyens d'éluder la loi, ou d'échapper à la peine. Alors, comme tous les intérêts particuliers se réunissent contre l'intérêt général qui n'est plus celui de personne, les vices publics ont plus de force pour énerver les lois, que les lois n'en ont pour réprimer lès vices ; et la corruption du peuple et des chefs s'étend enfin jusqu'au gouvernement, quelque sage qu'il puisse être : le pire de tous les abus est de n'obéir en apparence aux lois, que pour les enfreindre en effet avec sûreté. Bientôt les meilleures lois deviennent les plus funestes : il vaudrait mieux cent fois qu'elles n'existassent pas ; ce serait une ressource qu'on aurait encore quand il n'en reste plus. Dans une pareille situation, l'on ajoute vainement édits sur édits, réglemens sur réglemens : tout cela ne sert qu'à introduire d'autres abus sans corriger les premiers. Plus vous multipliez les lois, plus vous les rendez méprisables ; et tous les surveillants que vous instituez ne sont que de nouveaux infracteurs, destinés à partager avec les anciens, ou à faire leur pillage à part. Bientôt le prix de la vertu devient celui du brigandage : les hommes les plus vils sont les plus accrédités ; plus ils sont grands, plus ils sont méprisables ; leur infamie éclate dans leurs dignités, et ils sont déshonorés par leurs honneurs. S'ils achètent les suffrages des chefs ou la protection des femmes, c'est pour vendre à leur tour la justice, le devoir et l'état ; et le peuple, qui ne voit pas que ses vices sont la première cause de ses malheurs, murmure et s'écrie en gémissant : « Tous mes maux « ne viennent que de ceux que je paie « pour m'en garantir. »

C'est alors qu'à la voix du devoir qui ne parle plus dans les cœurs, les chefs sont forcés de substituer le cri de la terreur, ou le leurre d'un intérêt apparent dont ils trompent leurs créatures. C'est alors qu'il faut recourir à toutes les petites et méprisables ruses qu'ils appellent *maximes d'état* et *mystères du cabinet.* Tout ce qui reste de vigueur au gouvernement, est employé par ses membres à se perdre et supplanter l'un l'autre, tandis que les affaires demeurent abandonnées, ou ne se font qu'à mesure que l'intérêt personnel le demande, et selon qu'il les dirige. Enfin toute l'habileté de ces grands politiques est de fasciner tellement les yeux de ceux dont ils ont besoin, que chacun croie travailler pour son intérêt en travaillant pour le leur. Je dis *le leur,*

si tant est qu'en effet le véritable intérêt des chefs soit d'anéantir les peuples
pour les soumettre, et de ruiner leur
propre bien pour s'en assurer la possession.

Mais quand les citoyens aiment leur
devoir, et que les dépositaires de l'autorité publique s'appliquent sincère-
ment à nourrir cet amour par leur exemple et par leurs soins, toutes les difficultés s'évanouissent, l'administration
prend une facilité qui la dispense de
cet art ténébreux dont la noirceur fait
tout le mystère. Ces esprits vastes, si
dangereux et si admirés, tous ces grands
ministres dont la gloire se confond avec
les malheurs du peuple, ne sont plus
regrettés : les mœurs publiques sup-
pléent au génie des chefs ; et plus la
vertu règne, moins les talents sont nécessaires. L'ambition même est mieux
servie par le devoir que par l'usurpation : le peuple, convaincu que ses

chefs ne travaillent qu'à faire son bonheur, les dispense par sa déférence de travailler à affermir leur pouvoir; et l'histoire nous montre en mille endroits, que l'autorité qu'il accorde à ceux qu'il aime et dont il est aimé, est cent fois plus absolue que toute la tyrannie des usurpateurs. Ceci ne signifie pas que le gouvernement doive craindre d'user de son pouvoir, mais qu'il n'en doit user que d'une manière légitime. On trouvera dans l'histoire mille exemples de chefs ambitieux ou pusillanimes, que la mollesse ou l'orgueil ont perdus; aucun qui se soit mal trouvé de n'être qu'équitable. Mais on ne doit pas confondre la négligence avec la modération, ni la douceur avec la faiblesse. Il faut être sévère pour être juste : souffrir la méchanceté qu'on a le droit et le pouvoir de réprimer, c'est être méchant soi même. *Sicuti enim est aliquando misericordia puniens , ita est crudelitas parcens.* August. epist. 54.

Ce n'est pas assez de dire aux citoyens, Soyez bons ; il faut leur apprendre à l'être ; et l'exemple même, qui est à cet égard la première leçon, n'est pas le seul moyen qu'il faille employer : l'amour de la patrie est le plus efficace ; car, comme je l'ai déja dit, tout homme est vertueux quand sa volonté particulière est conforme en tout à la volonté générale, et nous voulons volontiers ce que veulent les gens que nous aimons.

Il semble que le sentiment de l'humanité s'évapore et s'affaiblisse en s'étendant sur toute la terre, et que nous ne saurions être touchés des calamités de la Tartarie ou du Japon, comme de celles d'un peuple européen. Il faut en quelque manière borner et comprimer l'intérêt et la commisération pour lui donner de l'activité. Or, comme ce penchant en nous ne peut être utile

qu'à ceux avec qui nous avons à vivre,
il est bon que l'humanité concentrée
entre les concitoyens, prenne en eux
une nouvelle force par l'habitude de
se voir, et par l'intérêt commun qui
les réunit. Il est certain que les plus
grands prodiges de vertu ont été produits par l'amour de la patrie : ce sentiment doux et vif qui joint la force de
l'amour-propre à toute la beauté de la
vertu, lui donne une énergie qui, sans
la défigurer, en fait la plus héroïque
de toutes les passions. C'est lui qui pro-
duisit tant d'actions immortelles dont
l'éclat éblouit nos faibles yeux, et tant
de grands hommes dont les antiques
vertus passent pour des fables depuis
que l'amour de la patrie est tourné en
dérision. Ne nous en étonnons pas; les
transports des cœurs tendres paraissent
autant de chimères à quiconque ne les
a point sentis; et l'amour de la patrie,
plus vif et plus délicieux cent fois que

celui d'une maîtresse, ne se conçoit de même qu'en l'éprouvant. Mais il est aisé de remarquer dans tous les cœurs qu'il échauffe, dans toutes les actions qu'il inspire, cette ardeur bouillante et sublime dont ne brille pas la plus pure vertu quand elle en est séparée. Osons opposer Socrate même à Caton : l'un était plus philosophe, et l'autre plus citoyen. Athènes était déja perdue, et Socrate n'avait plus de patrie que le monde entier : Caton porta toujours la sienne au fond de son cœur ; il ne vivait que pour elle et ne put lui survivre. La vertu de Socrate est celle du plus sage des hommes ; mais entre César et Pompée, Caton semble un dieu parmi des mortels. L'un instruit quelques particuliers, combat les sophistes, et meurt pour la vérité : l'autre défend l'état, la liberté, les lois contre les conquérants du monde, et quitte enfin la terre quand il n'y voit plus de patrie à servir. Un digne élève de Socrate serait le plus vertueux de ses contemporains ; un digne émule de Caton en serait le plus grand. La vertu du premier ferait son bonheur ; le second chercherait son bonheur dans celui de tous. Nous serions instruits par l'un, et conduits par l'autre ; et cela seul déciderait de la préférence : car on n'a jamais fait un peuple de sages, mais il n'est pas impossible de rendre un peuple heureux.

Voulons-nous que les peuples soient vertueux ? commençons donc par leur faire aimer la patrie. Mais comment l'aimeront-ils, si la patrie n'est rien de plus pour eux que pour des étrangers, et qu'elle ne leur accorde que ce qu'elle ne peut refuser à personne ? Ce serait bien pis s'ils n'y jouissaient pas même de la sûreté civile, et que leurs biens, leur vie ou leur liberté fussent à la discrétion des hommes puissants, sans qu'il

leur fût possible ou permis d'oser réclamer les lois. Alors, soumis aux devoirs de l'état civil, sans jouir même
des droits de l'état de nature, et sans
pouvoir employer leurs forces pour se
défendre, ils seraient par conséquent
dans la pire condition où se puissent
trouver des hommes libres, et le mot
de *patrie* ne pourrait avoir pour eux
qu'un sens odieux ou ridicule. Il ne faut
pas croire que l'on puisse offenser ou
couper un bras, que la douleur ne s'en
porte à la tête; et il n'est pas plus
croyable que la volonté générale con-
sente qu'un membre de l'état, quel qu'il
soit, en blesse ou détruise un autre,
qu'il ne l'est que les doigts d'un homme usant de sa raison aillent lui crever
les yeux. La sûreté particulière est tellement liée avec la confédération publique, que sans les égards que l'on
doit à la faiblesse humaine, cette con-
vention serait dissoute par le droit, s'il

périssait dans l'état un seul citoyen qu'on eût pu secourir, si l'on en retenait à tort un seul en prison, et s'il se perdait un seul procès avec une injustice évidente ; car les conventions fondamentales étant enfreintes, on ne voit plus quel droit ni quel intérêt pourrait maintenir le peuple dans l'union sociale, à moins qu'il n'y fût retenu par la seule force, qui fait la dissolution de l'état civil.

En effet, l'engagement du corps de la nation n'est-il pas de pourvoir à la conservation du dernier de ses membres avec autant de soin qu'à celle de tous les autres ? et le salut d'un citoyen est-il moins la cause commune que celui de tout l'état ? Qu'on nous dise qu'il est bon qu'un seul périsse pour tous, j'admirerai cette sentence dans la bouche d'un digne et vertueux patriote qui se consacre volontairement et par devoir à la mort pour le salut

de son pays ; mais si l'on entend qu'il
soit permis au gouvernement de sacri-
fier un innocent au salut de la multitude , je tiens cette maxime pour une
des plus exécrables que jamais la tyrannie ait inventées, la plus fausse qu'on
puisse avancer , la plus dangereuse
qu'on puisse admettre , et la plus directement opposée aux lois fondamentales de la société. Loin qu'un seul
doive périr pour tous , tous ont engagé
leurs biens et leurs vies à la défense de
chacun d'eux , afin que la faiblesse particulière fût toujours protégée par la
force publique , et chaque membre par
tout l'état. Après avoir, par supposition,
retranché du peuple un individu après
l'autre , pressez les partisans de cette
maxime à mieux expliquer ce qu'ils en-
tendent par *le corps de l'état* , et vous
verrez qu'ils le réduiront à la fin à un
petit nombre d'hommes qui ne sont pas
le peuple, mais les officiers du peuple ;

et qui, s'étant obligés par un serment particulier à périr eux-mêmes pour son salut, prétendent prouver par-là que c'est à lui de périr pour le leur.

Veut-on trouver des exemples de la protection que l'état doit à ses membres, et du respect qu'il doit à leurs personnes? ce n'est que chez les plus illustres et les plus courageuses nations de la terre qu'il faut les chercher, et il n'y a guère que les peuples libres où l'on sache ce que vaut un homme. A Sparte, on sait en quelle perplexité se trouvait toute la république lorsqu'il était question de punir un citoyen coupable. En Macédoine, la vie d'un homme était une affaire si importante, que dans toute la grandeur d'Alexandre, ce puissant monarque n'eût osé de sang-froid faire mourir un Macédonien criminel, que l'accusé n'eût comparu pour se défendre devant ses concitoyens, et n'eût été condamné par eux. Mais les

Romains se distinguèrent au dessus de tous les peuples de la terre par les égards du gouvernement pour les particuliers, et par son attention scrupuleuse à respecter les droits inviolables de tous les membres de l'état. Il n'y avait rien de si sacré que la vie des simples citoyens ; il ne fallait pas moins que l'assemblée de tout le peuple pour en condamner un : le sénat même, ni les consuls, dans toute leur majesté, n'en avaient pas le droit ; et chez le plus puissant peuple du monde, le crime et la peine d'un citoyen étaient une désolation publique : aussi parut-il si dur d'en verser le sang pour quelque crime que ce pût être, que par la loi *Porcia*, la peine de mort fut commuée en celle de l'exil, pour tous ceux qui voudraient survivre à la perte d'une si douce patrie. Tout respirait à Rome et dans les armées cet amour des concitoyens les uns pour les autres, et ce respect pour le nom ro-

main qui élevait le courage et animait
la vertu de quiconque avait l'honneur
de le porter. Le chapeau d'un citoyen
délivré d'esclavage, la couronne civique de celui qui avait sauvé la vie à
un autre, étaient ce qu'on regardait
avec le plus de plaisir dans la pompe
des triomphes; et il est à remarquer
que des couronnes dont on honorait à
la guerre les belles actions, il n'y avait
que la civique et celle des triompha-
teurs qui fussent d'herbe et de feuilles,
toutes les autres n'étaient que d'or. C'est
ainsi que Rome fut vertueuse et devint
la maîtresse du monde. Chefs ambitieux ! un pâtre gouverne ses chiens
et ses troupeaux, et n'est que le dernier
des hommes. S'il est beau de commander, c'est quand ceux qui nous obéissent peuvent nous honorer : respectez
donc vos concitoyens, et vous vous ren-
drez respectables; respectez la liberté,
et votre puissance augmentera tous les

jours : ne passez jamais vos droits, et
bientôt ils seront sans bornes.

Que la patrie se montre donc la mère
commune des citoyens, que les avantages dont ils jouissent dans leur pays le
leur rende cher, que le gouvernement
leur laisse assez de part à l'administration publique pour sentir qu'ils sont
chez eux, et que les lois ne soient à
leurs yeux que les garants de la commune liberté. Ces droits, tout beaux qu'ils
sont, appartiennent à tous les hommes ; mais, sans paraître les attaquer
directement, la mauvaise volonté des
chefs en réduit aisément l'effet à rien.
La loi dont on abuse sert à la fois au
puissant d'arme offensive, et de bou-
clier contre le faible ; et le prétexte du
bien public est toujours le plus dangereux fléau du peuple. Ce qu'il y a de
plus nécessaire, et peut-être de plus
difficile dans le gouvernement, c'est
une intégrité sévère à rendre justice à

tous, et surtout à protéger le pauvre contre la tyrannie du riche. Le plus grand mal est déja fait, quand on a des pauvres à défendre et des riches à contenir. C'est sur la médiocrité seule que s'exerce toute la force des lois ; elles sont également impuissantes contre les trésors du riche et contre la misère du pauvre : le premier les élude, le second leur échappe : l'un brise la toile, et l'autre passe au travers.

C'est donc une des plus importantes affaires du gouvernement, de prévenir l'extrême inégalité des fortunes ; non en enlevant lés trésors à leurs possesseurs, mais en ôtant à tous les moyens d'en accumuler ; non en bâtissant des hôpitaux pour les pauvres, mais en garantissant les citoyens de le devenir. Les hommes inégalement distribués sur le territoire, et entassés dans un lieu tandis que les autres se dépeuplent ; les arts d'agrément et de pure industrie favorisés aux dépens des métiers utiles et pénibles ; l'agriculture sacrifiée au commerce ; le publicain rendu nécessaire par la mauvaise administration des deniers de l'état ; enfin la vénalité poussée à tel excès, que la considération se compte avec les pistoles, et que les vertus mêmes se vendent à prix d'argent : telles sont les causes les plus sensibles de l'opulence et de la misère, de l'intérêt particulier substitué à l'intérêt public, de la haine mutuelle des citoyens, de leur indifférence pour la cause commune, de la corruption du peuple, et de l'affaiblissement de tous les ressorts du gouvernement. Tels sont par conséquent les maux qu'on guérit difficilement quand ils se font sentir, mais qu'une sage administration doit prévenir, pour maintenir avec les bonnes mœurs le respect pour les lois, l'amour de la patrie, et la vigueur de la volonté générale.

Mais toutes ces précautions seront insuffisantes, si l'on ne s'y prend de plus loin encore. Je finis cette partie de l'économie publique, par où j'aurais dû la commencer. La patrie ne peut subsister sans la liberté, ni la liberté sans la vertu, ni la vertu sans les citoyens : vous aurez tout si vous formez des citoyens ; sans cela vous n'aurez que de méchants esclaves, à commencer par les chefs de l'état. Or, former des citoyens n'est pas l'affaire d'un jour ; et pour les avoir hommes, il faut les instruire enfants. Qu'on me dise que quiconque a des hommes à gouverner, ne doit pas chercher hors de leur nature une perfection dont ils ne sont pas susceptibles ; qu'il ne doit pas vouloir détruire en eux les passions, et que l'exécution d'un pareil projet ne serait pas plus desirable que possible : je conviendrai d'autant mieux de tout cela, qu'un homme qui n'aurait point de passions serait certainement un fort mauvais citoyen ; mais il faut convenir aussi que si l'on n'apprend point aux hommes à n'aimer rien, il n'est pas impossible de leur apprendre à aimer un objet plutôt qu'un autre, et ce qui est véritablement beau, plutôt que ce qui est difforme. Si, par exemple, on les exerce assez tôt à ne jamais regarder leur individu que par ses relations avec le corps de l'état, et à n'apercevoir, pour ainsi dire, leur propre existence que comme une partie de la sienne, ils pourront parvenir enfin à s'identifier en quelque sorte avec ce plus grand tout, à se sentir membres de la patrie, à l'aimer de ce sentiment exquis que tout homme isolé n'a que pour soi-même, à élever perpétuellement leur ame à ce grand objet, et à transformer ainsi en une vertu sublime, cette disposition dangereuse d'où naissent tous nos vices. Non-seulement la philosophie démontre la possibilité de ces nouvelles directions , mais l'histoire en fournit mille exemples éclatants : s'ils sont si rares parmi nous, c'est que personne ne se soucie qu'il y ait des citoyens, et qu'on s'avise encore moins de s'y prendre assez tôt pour les former. Il n'est plus temps de changer nos inclinations naturelles quand elles ont pris leur cours, et que l'habitude s'est jointe à l'amour-propre ; il n'est plus temps de nous tirer hors de nous-mêmes quand une fois le *moi humain* , concentré dans nos cœurs, y a acquis cette méprisable activité qui absorbe toute vertu et fait la vie des petites ames. Comment l'amour de la patrie pourrait-il germer au milieu de tant d'autres passions qui l'étouffent ? Et que reste-il pour les concitoyens d'un cœur déja partagé entre l'avarice, une maîtresse et la vanité ?

C'est du premier moment de la vie qu'il faut apprendre à mériter de vivre ;

et comme on participe en naissant aux droits des citoyens, l'instant de notre naissance doit être le commencement de l'exercice de nos devoirs. S'il y a des lois pour l'âge mûr, il doit y en avoir pour l'enfance, qui enseignent à obéir aux autres ; et comme on ne laisse pas la raison de chaque homme unique arbitre de ses devoirs, on doit d'autant moins abandonner aux lumières et aux préjugés des pères l'éducation de leurs enfants, qu'elle importe à l'état encore plus qu'aux pères ; car, selon le cours de la nature, la mort du père lui dérobe souvent les derniers fruits de cette éducation, mais la patrie en sent tôt ou tard les effets ; l'état demeure, et la famille se dissout. Que si l'autorité publique, en prenant la place des pères, et se chargeant de cette importante fonction, acquiert leurs droits en remplissant leurs devoirs, ils ont d'autant moins sujet de s'en plaindre, qu'à

cet égard ils ne font proprement que
changer de nom , et qu'ils auront en
commun, sous le nom de citoyens, la
même autorité sur leurs enfants qu'ils
exerçaient séparément sous le nom de
pères , et n'en seront pas moins obéis en
parlant au nom de la loi, qu'ils l'étaient
en parlant au nom de la nature. L'é-
ducation publique, sous des règles pres-
crites par le gouvernement, et sous des
magistrats établis par le souverain, est
donc une des maximes fondamentales
du gouvernement populaire ou légitime. Si les enfants sont élevés en commun dans le sein de l'égalité, s'ils sont
imbus des lois de l'état et des maximes
de la volonté générale, s'ils sont instruits à les respecter par dessus toutes
choses, s'ils sont environnés d'exemples
et d'objets qui leur parlent sans cesse
de la tendre mère qui les nourrit, de
l'amour qu'elle a pour eux, des biens
inestimables qu'ils reçoivent d'elle, et

le monde s'est trouvé divisé en nations
trop grandes pour pouvoir être bien gou-
vernées, ce moyen n'a plus été praticable; et d'autres raisons que le lecteur
peut voir aisément, ont encore empê-
ché qu'il n'ait été tenté chez aucun peuple moderne. C'est une chose très-remar-
quable que les Romains aient pu s'en passer; mais Rome fut durant cinq cents
ans un miracle continuel, que le monde
ne doit plus espérer de revoir. La vertu
des Romains, engendrée par l'horreur de
la tyrannie et des crimes des tyrans, et
par l'amour inné de la patrie, fit de
toutes leurs maisons autant d'écoles de
citoyens; et le pouvoir sans bornes des
pères sur leurs enfants mit tant de sévérité dans la police particulière, que
le père, plus craint que les magistrats,
était dans son tribunal domestique le
censeur des mœurs et le vengeur des
lois.

C'est ainsi qu'un gouvernement atentif et bien intentionné, veillant sans cesse à maintenir ou rappeler chez le peuple l'amour de la patrie et les bonnes mœurs, prévient de loin les maux qui résultent tôt ou tard de l'indifférence des citoyens pour le sort de la république, et contient dans d'étroites bornes cet intérêt personnel qui isole tellement les particuliers, que l'état s'affaiblit par leur puissance et n'a rien à espérer de leur bonne volonté. Partout où le peuple aime son pays, respecte les lois et vit simplement, il reste peu de chose à faire pour le rendre heureux ; et dans l'administration publique où la fortune a moins de part qu'au sort des particuliers, la sagesse est si près du bonheur que ces deux objets se confondent.

III. Ce n'est pas assez d'avoir des citoyens et de les protéger, il faut encore songer à leur subsistance ; et pourvoir aux besoins publics est une suite évidente de la volonté générale, et le troisième devoir essentiel du gouvernement. Ce devoir n'est pas, comme on doit le sentir, de remplir les greniers des particuliers et les dispenser du travail, mais de maintenir l'abondance tellement à leur portée, que pour l'acquérir le travail soit toujours nécessaire et ne soit jamais inutile. Il s'étend aussi à toutes les opérations qui regardent l'entretien du fisc et les dépenses de l'administration publique. Ainsi, après avoir parlé de l'*économie* générale par rapport au gouvernement des personnes, il nous reste à la considérer par rapport à l'administration des biens.

Cette partie n'offre pas moins de difficultés à résoudre ni de contradictions à lever que la précédente. Il est certain que le droit de propriété est le plus sacré de tous les droits des citoyens, et plus important à certains égards que la li-

berté même; soit parce qu'il tient de
plus près à la conservation de la vie;
soit parce que les biens étant plus faciles à usurper et plus pénibles à défendre que la personne, on doit plus respecter ce qui peut se ravir plus aisément; soit enfin parce que la propriété
est le vrai fondement de la société civile, et le vrai garant des engagements
des citoyens : car si les biens ne répon-
daient pas des personnes, rien ne serait si facile que d'éluder ses devoirs et
de se moquer des lois. D'un autre côté,
il n'est pas moins sûr que le maintien
de l'état et du gouvernement exige des
frais et de la dépense; et comme quiconque accorde la fin ne peut refuser
les moyens, il s'ensuit que les membres
de la société doivent contribuer de leurs
biens à son entretien. De plus, il est
difficile d'assurer d'un côté la propriété
des particuliers sans l'attaquer d'un autre; et il n'est pas possible que tous

les réglemens qui regardent l'ordre des successions, les testaments, les contrats, ne gênent les citoyens à certains égards sur la disposition de leur propre bien, et par conséquent sur leur droit de propriété.

Mais, outre ce que j'ai dit ci-devant de l'accord qui règne entre l'autorité de la loi et la liberté du citoyen, il y a, par rapport à la disposition des biens, une remarque importante à faire, qui lève bien des difficultés. C'est, comme l'a montré Pufendorff, que par la nature du droit de propriété, il ne s'étend point au-delà de la vie du propriétaire, et qu'à l'instant qu'un homme est mort, son bien ne lui appartient plus. Ainsi, lui prescrire les conditions sous lesquelles il en peut disposer, c'est au fond moins altérer son droit en apparence, que l'étendre en effet.

En général, quoique l'institution des lois qui règlent le pouvoir des particuliers dans la disposition de leur propre bien n'appartienne qu'au souverain, l'esprit de ces lois que le gouvernement doit suivre dans leur application, est que de père en fils et de proche en proche les biens de la famille en sortent et s'aliènent le moins qu'il est possible. Il y a une raison sensible de ceci en faveur des enfants, à qui le droit de propriété serait fort inutile, si le père ne leur laissait rien, et qui de plus ayant souvent contribué par leur travail à l'acquisition des biens du père, sont de leur chef associés à son droit. Mais une autre raison plus éloignée et non moins importante, est que rien n'est plus funeste aux mœurs et à la république, que les changements continuels d'état et de fortune entre les citoyens ; changements qui sont la preuve et la source de mille désordres, qui bouleversent et confondent tout, et par lesquels ceux qui sont élevés pour une chose se trouvant destinés pour une autre, ni ceux qui montent, ni ceux qui descendent, ne peuvent prendre les maximes ni les lumières convenables à leur nouvel état, et beaucoup moins en remplir les devoirs. Je passe à l'objet des finances publiques.

Si le peuple se gouvernait lui-même, et qu'il n'y eût rien d'intermédiaire entre l'administration de l'état et les citoyens, ils n'auraient qu'à se cotiser dans l'occasion, à proportion des besoins publics et des facultés des particuliers; et comme chacun ne perdrait jamais de vue le recouvrement ni l'emploi des deniers, il ne pourrait se glisser ni fraude ni abus dans leur maniement : l'état ne serait jamais obéré de dettes, ni le peuple accablé d'impôts, ou du moins la sûreté de l'emploi le consolerait de la dureté de la taxe. Mais les choses ne sauraient aller ainsi; et, quelque borné que soit un état, la société civile y est toujours trop nombreuse pour pouvoir être gou-

vernée par tous ses membres. Il faut nécessairement que les deniers publics passent par les mains des chefs, lesquels,
outre l'intérêt de l'état, ont tous le leur
particulier, qui n'est pas le dernier
écouté. Le peuple de son côté, qui s'a-
perçoit plutôt de l'avidité des chefs et
de leurs folles dépenses que des besoins publics, murmure de se voir dé-
pouiller du nécessaire pour fournir au
superflu d'autrui; et quand une fois ces
manœuvres l'ont aigri jusqu'à certain
point, la plus intègre administration ne
viendrait pas à bout de rétablir la confiance. Alors, si les contributions sont
volontaires, elles ne produisent rien;
si elles sont forcées, elles sont illégitimes; et c'est dans cette cruelle alternative de laisser périr l'état ou d'attaquer
le droit sacré de la propriété qui en
est le soutien, que consiste la difficulté
d'une juste et sage *économie*.

La première chose que doit faire,

après l'établissement des lois, l'institu-
teur d'une république, c'est de trouver
un fonds suffisant pour l'entretien des
magistrats et autres officiers, et pour
toutes les dépenses publiques. Ce fonds
s'appelle *ærarium* ou *fisc*, s'il est en argent; *domaine public*, s'il est en terres;
et ce dernier est de beaucoup préférable à l'autre, par des raisons faciles à
voir. Quiconque aura suffisamment ré-
fléchi sur cette matière, ne pourra guère
être à cet égard d'un autre avis que
Bodin, qui regarde le domaine public
comme le plus honnête et le plus sûr de
tous les moyens de pourvoir aux besoins
de l'état; et il est à remarquer que le
premier soin de Romulus, dans la division des terres, fut d'en destiner le tiers
à cet usage. J'avoue qu'il n'est pas impossible que le produit du domaine mal
administré se réduise à rien; mais il
n'est pas de l'essence du domaine d'être
mal administré.

Préalablement à tout emploi, ce fonds doit être assigné ou accepté par l'assemblée du peuple ou des états du pays, qui doit ensuite en déterminer l'usage. Après cette solennité, qui rend ces fonds inaliénables, ils changent, pour ainsi dire, de nature, et leurs revenus deviennent tellement sacrés, que c'est non-seulement le plus infâme de tous les vols, mais un crime de lèse-majesté, que d'en détourner la moindre chose au préjudice de leur destination. C'est un grand déshonneur pour Rome que l'intégrité du questeur Caton y ait été un sujet de remarque, et qu'un empereur récompensant de quelques écus le talent d'un chanteur, ait eu besoin d'ajouter que cet argent venait du bien de sa famille, et non de celui de l'état. Mais s'il se trouve peu de Galba, où chercherons-nous des Catons ? Et quand une fois le vice ne déshonorera plus, quels seront les chefs assez scrupuleux pour s'abstenir de toucher aux revenus publics abandonnés à leur discrétion, et pour ne pas s'en imposer bientôt à eux-mêmes, en affectant de confondre leurs vaines et scandaleuses dissipations avec la gloire de l'état, et les moyens d'étendre leur autorité avec ceux d'augmenter sa puissance ? C'est sur-tout en cette délicate partie de l'administration que la vertu est le seul instrument efficace, et que l'intégrité du magistrat est le seul frein capable de contenir son avarice. Les livres et tous les comptes des régisseurs servent moins à déceler leurs infidélités qu'à les couvrir ; et la prudence n'est jamais aussi prompte à imaginer de nouvelles précautions, que la friponnerie à les éluder. Laissez donc les registres et papiers, et remettez les finances en des mains fidèles ; c'est le seul moyen qu'elles soient fidèlement régies.

Quand une fois les fonds publics sont établis, les chefs de l'état en sont de droit les administrateurs ; car cette administration fait une partie du gouvernement, toujours essentielle, quoique non toujours également : son influence augmente à mesure que celle des autres ressorts diminue ; et l'on peut dire qu'un gouvernement est parvenu à son dernier degré de corruption, quand il n'a plus d'autre nerf que l'argent. Or, comme tout gouvernement tend sans cesse au relâchement, cette seule raison montre pourquoi nul état ne peut subsister si ses revenus n'augmentent sans cesse.

Le premier sentiment de la nécessité de cette augmentation, est aussi le premier signe du désordre intérieur de l'état ; et le sage administrateur, en songeant à trouver de l'argent pour pourvoir au besoin présent, ne néglige pas de rechercher la cause éloignée de ce nouveau besoin ; comme un marin, voyant l'eau gagner son vaisseau, n'oublie pas, en faisant jouer les pompes, de faire aussi chercher et boucher la voie.

De cette règle découle la plus importante maxime de l'administration des finances, qui est de travailler avec beaucoup plus de soin à prévenir les besoins, qu'à augmenter les revenus. De quelque diligence qu'on puisse user, le secours qui ne vient qu'après le mal, et plus lentement, laisse toujours l'état en souffrance : tandis qu'on songe à remédier à un inconvénient, un autre se fait déja sentir, et les ressources mêmes produisent de nouveaux inconvénients ; de sorte qu'à la fin la nation s'obère, le peuple est foulé, le gouvernement perd toute sa vigueur, et ne fait plus que peu de chose avec beaucoup d'argent. Je crois que de cette grande maxime bien établie, découlaient les prodiges des gouvernements anciens, qui faisaient plus avec leur parcimonie, que les nôtres avec tous leurs trésors ; et c'est peutêtre delà qu'est dérivée l'acception vulgaire du mot d'*économie*, qui s'entend plutôt du sage ménagement de ce qu'on a, que des moyens d'acquérir ce que l'on n'a pas.

Indépendamment du domaine public, qui rend à l'état à proportion de la probité de ceux qui le régissent, si l'on connaissait assez toute la force de l'administration générale, surtout quand elle se borne aux moyens légitimes, on serait étonné des ressources qu'ont les chefs pour prévenir tous les besoins publics, sans toucher aux biens des particuliers. Comme ils sont les maîtres de tout le commerce de l'état, rien ne leur est si facile que de le diriger d'une manière qui pourvoie à tout, souvent sans qu'ils paraissent s'en mêler. La distribution des denrées, de l'argent et des marchandises par de justes proportions, selon les temps et les lieux, est le vrai secret des finances et la source de leurs richesses, pourvu que ceux qui les administrent sachent porter leurs vues assez loin, et faire dans l'occasion une perte apparente et prochaine, pour avoir réellement des profits immenses dans un temps éloigné. Quand on voit un gouvernement payer des droits, loin d'en recevoir, pour la sortie des blés dans les années d'abondance, et pour leur introduction dans les années de disette, on a besoin d'avoir de tels faits sous les yeux pour les croire véritables, et on les mettrait au rang des romans s'ils se fussent passés anciennement. Supposons que pour prévenir la disette dans les mauvaises années, on proposât d'établir des magasins publics, dans combien de pays l'entretien d'un établissement si utile ne servirait-il pas de prétexte à de nouveaux impôts ? A Genève, ces greniers établis et entretenus par une sage administration, font la ressource publique dans les mauvaises années, et le principal revenu de l'état dans tous les temps.

Alit et ditat, c'est la belle et juste inscription qu'on lit sur la façade de l'édifice. Pour exposer ici le systême économique d'un bon gouvernemet, j'ai souvent tourné les yeux sur celui de cette république : heureux de trouver ainsi dans ma patrie l'exemple de la sagesse et du bonheur que je voudrais voir régner dans tous les pays !

Si l'on examine comment croissent les besoins d'un état, on trouvera que souvent cela arrive à peu près comme chez les particuliers, moins par une véritable nécessité, que par un accroissement de désirs inutiles, et que souvent on n'augmente la dépense que pour avoir un prétexte d'augmenter la recette ; de sorte que l'état gagnerait quelquefois à se passer d'être riche, et que cette richesse apparente lui est au fond plus onéreuse que ne serait la pauvreté même. On peut espérer, il est vrai, de tenir les peuples dans une dépendance plus étroite, en leur donnant d'une main ce qu'on leur a pris de l'autre, et ce fut la politique dont usa Joseph avec les Égyptiens ; mais ce vain sophisme est d'autant plus funeste à l'état, que l'argent ne rentre plus dans les mêmes mains d'où il est sorti, et qu'avec de pareilles maximes on n'enrichit que des fainéans de la dépouille des hommes utiles.

Le goût des conquêtes est une des causes les plus sensibles et les plus dangereuses de cette augmentation. Ce goût, engendré souvent par une autre espèce d'ambition que celle qu'il semble annoncer, n'est pas toujours ce qu'il paraît être, et n'a pas tant pour véritable motif le désir apparent d'agrandir la nation, que le désir caché d'augmenter au dedans l'autorité des chefs, à l'aide de l'augmentation des troupes, et à la faveur de la diversion que font les objets de la guerre dans l'esprit des citoyens.

Ce qu'il y a du moins de très-certain,

c'est que rien n'est si foulé ni si misérable que les peuples conquérants, et
que leurs succès mêmes ne font qu'augmenter leurs misères. Quand l'histoire
ne nous l'apprendrait pas, la raison suffirait pour nous démontrer que plus un
état est grand, et plus les dépenses y
deviennent proportionnellement fortes
et onéreuses ; car il faut que toutes les
provinces fournissent leur contingent
aux frais de l'administration générale,
et que chacune outre cela fasse pour la
sienne particulière la même dépense que
si elle était indépendante. Ajoutez que
toutes les fortunes se font dans un lieu
et se consomment dans un autre ; ce
qui rompt bientôt l'équilibre du produit
et de la consommation, et appauvrit
beaucoup de pays pour enrichir une
seule ville.

Autre source de l'augmentation des
besoins publics, qui tient à la précédente. Il peut venir un temps où les ci-

toyens, ne se regardant plus comme intéressés à la cause commune, cesseraient d'être les défenseurs de la patrie, et où les magistrats aimeraient mieux commander à des mercenaires qu'à des hommes libres, ne fût-ce qu'afin d'employer en temps et lieu les premiers pour mieux assujétir les autres. Tel fut l'état de Rome sur la fin de la république et sous les empereurs; car toutes les victoires des premiers Romains, de même que celles d'Alexandre, avaient été remportées par de braves citoyens qui savaient donner au besoin leur sang pour la patrie, mais qui ne le vendaient jamais. Ce ne fut qu'au siége de Veies qu'on commença de payer l'infanterie romaine, et Marius fut le premier qui dans la guerre de Jugurtha déshonora les légions, en y introduisant des affranchis, des vagabonds et autres mercenaires. Devenus les ennemis des peuples qu'ils s'étaient chargés de rendre heureux,

les tyrans établirent des troupes réglées,
en apparence pour contenir l'étranger,
et en effet pour opprimer l'habitant.
Pour former ces troupes il fallut enle-
ver à la terre des cultivateurs, dont le
défaut diminua la quantité des denrées,
et dont l'entretien introduisit des impôts qui en augmentèrent le prix. Ce
premier désordre fit murmurer les peuples : il fallut pour les réprimer multiplier les troupes, et par conséquent la
misère ; et plus le désespoir augmentait,
et plus on se voyait contraint de l'augmenter encore pour en prévenir les effets.
D'un autre côté ces mercenaires, qu'on
pouvait estimer sur le prix auquel ils se
vendaient eux-mêmes, fiers de leur avi-
lissement, méprisant les lois dont ils
étaient protégés, et leurs frères dont ils
mangeaient le pain, se crurent plus ho-
norés d'être les satellites de César que
les défenseurs de Rome ; et, dévoués à
une obéissance aveugle, tenaient par état

le poignard levé sur leurs concitoyens, prêts à tout égorger au premier signal. Il ne serait pas difficile de montrer que ce fut là une des principales causes de la ruine de l'empire romain.

L'invention de l'artillerie et des fortifications a forcé de nos jours les souverains de l'Europe à rétablir l'usage des troupes réglées pour garder leurs places; mais, quand ce serait des motifs plus légitimes, il est à craindre que l'effet n'en soit également funeste. Il n'en faudra pas moins dépeupler les campagnes pour former les armées et les garnisons; pour les entretenir il n'en faudra pas moins fouler les peuples; et ces dangereux établissements s'accroissent depuis quelque temps avec une telle rapidité dans tous nos climats, qu'on n'en peut prévoir que la dépopulation prochaine de l'Europe, et tôt ou tard la ruine des peuples qui l'habitent.

Quoi qu'il en soit, on doit voir que

de telles institutions renversent nécessairement le vrai système économique qui tire le principal revenu de l'état du domaine public, et ne laissent que la ressource fâcheuse des subsides et impôts, dont il me reste à parler.

Il faut se ressouvenir ici que le fondement du pacte social est la propriété ; et sa première condition, que chacun soit maintenu dans la paisible jouissance de ce qui lui appartient. Il est vrai que par le même traité chacun s'oblige, au moins tacitement, à se cottiser dans les besoins publics ; mais cet engagement ne pouvant nuire à la loi fondamentale, et supposant l'évidence du besoin reconnue par les contribuables, on voit que pour être légitime cette cotisation doit être volontaire ; non d'une volonté particulière, comme s'il était nécessaire d'avoir le consentement de chaque citoyen, et qu'il ne dût fournir que ce qu'il lui plaît, ce qui serait directement contre l'esprit de la confédération ; mais d'une volonté générale, à la pluralité des voix, et sur un tarif proportionnel qui ne laisse rien d'arbitraire à l'imposition.

Cette vérité, que les impôts ne peuvent être établis légitimement que du consentement du peuple ou de ses représentants, a été reconnue généralement de tous les philosophes et jurisconsultes qui se sont acquis quelque réputation dans les matières de droit politique, sans en excepter Bodin même. Si quelques uns ont établi des maximes contraires en apparence, outre qu'il est aisé de voir les motifs particuliers qui les y ont portés, ils y mettent tant de conditions et de restrictions, qu'au fond la chose revient exactement au même : car, que le peuple puisse refuser, ou que le souverain ne 'doive pas exiger, cela est indifférent quant au droit : s'il n'est question que de la force, c'est la chose la plus inutile que d'examiner ce qui est légitime ou non.

Les contributions qui se lèvent sur le peuple sont de deux sortes ; les unes réelles, qui se perçoivent sur les choses ; les autres personnelles , qui se paient par tête. On donne aux unes et aux autres les noms d'*impôts* ou de *subsides*. Quand le peuple fixe la somme qu'il accorde, elle s'appelle subside ; quand il accorde tout le produit d'une taxe , alors c'est un impôt. On trouve dans le livre de l'*Esprit des Lois,* que l'imposition par tête est plus propre à la servitude , et la taxe réelle plus convenable à la liberté. Cela serait incontestable , si les contingents par tête étaient égaux ; car il n'y aurait rien de plus disproportionné qu'une pareille taxe , et c'est surtout dans les proportions exactement observées, que consiste l'esprit de la liberté. Mais si la taxe par tête est exactement proportionnée aux moyens des particuliers , comme pourrait être celle qui porte en France le nom de *capitation ,*

et qui de cette manière est à la fois réelle
et personnelle, elle est la plus équitable,
et par conséquent la plus convenable à
des hommes libres. Ces proportions paraissent d'abord très-faciles à observer,
parce qu'étant relatives à l'état que chacun tient dans le monde, les indications
sont toujours publiques ; mais, outre
que l'avarice, le crédit et la fraude savent éluder jusqu'à l'évidence, il est
rare qu'on tienne compte dans ces cal-
culs, de tous les éléments qui doivent
y entrer. Premièrement, on doit considérer le rapport des quantités, selon lequel, toutes choses égales, celui qui a
dix fois plus de bien qu'un autre, doit
payer dix fois plus que lui. Secondement, le rapport des usages, c'est-à-
dire, la distinction du nécessaire et du
superflu. Celui qui n'a que le simple nécessaire, ne doit rien payer du tout ; la
taxe de celui qui a du superflu, peut
aller au besoin jusqu'à la concurrence

de tout ce qui excède son nécessaire. A
cela il dira qu'eu égard à son rang, ce
qui serait superflu pour un homme in-
férieur est nécessaire pour lui ; mais
c'est un mensonge : car un grand a deux
jambes ainsi qu'un bouvier, et n'a qu'un
ventre non plus que lui. De plus, ce
prétendu nécessaire est si peu nécessaire
à son rang, que s'il savait y renoncer
pour un sujet louable, il n'en serait que
plus respecté. Le peuple se prosterne-
rait devant un ministre qui irait au conseil à pied, pour avoir vendu ses carrosses dans un pressant besoin de l'état.
Enfin la loi ne prescrit la magnificence
à personne, et la bienséance n'est jamais une raison contre le droit.

Un troisième rapport qu'on ne compte
jamais, et qu'on devrait toujours compter le premier, est celui des utilités
que chacun retire de la confédération
sociale, qui protège fortement les immenses possessions du riche, et laisse à

peine un misérable jouir de la chau-
mière qu'il a construite de ses mains.
Tous les avantages de la société ne sont-
ils pas pour les puissants et les riches ?
tous les emplois lucratifs ne sont - ils
pas remplis par eux seuls ? toutes les
graces, toutes les exemptions ne leur
sont-elles pas réservées ? et l'autorité
publique n'est-elle pas toute en leur faveur ? Qu'un homme de considération
vole ses créanciers, ou fasse d'autres
friponneries, n'est - il pas toujours sûr
de l'impunité ? Les coups de bâton qu'il
distribue, les violences qu'il commet,
les meurtres mêmes et les assassinats
dont il se rend coupable, ne sont - ce
pas des affaires qu'on assoupit, et dont
au bout de six mois il n'est plus question ? Que ce même homme soit volé,
toute la police est aussitôt en mouvement ; et malheur aux innocents qu'il
soupçonne ! Passe-t-il dans un lieu dangereux ? voilà les escortes en campa-

gne : l'essieu de sa chaise vient-il à se rompre ? tout vole à son secours : fait-on du bruit à sa porte ? il dit un mot, et tout se tait : la foule l'incommode-t-elle ? il fait un signe, et tout se range : un charretier se trouve-t-il sur son passage ? ses gens sont prêts à l'assommer ; et cinquante honnêtes piétons allant à leurs affaires seraient plutôt écrasés, qu'un faquin oisif retardé dans son équipage. Tous ces égards ne lui coûtent pas un sou ; ils sont le droit de l'homme riche, et non le prix de la richesse. Que le tableau du pauvre est différent ! Plus l'humanité lui doit, plus la société lui refuse : toutes les portes lui sont fermées, même quand il a le droit de les faire ouvrir ; et si quelquefois il obtient justice, c'est avec plus de peine qu'un autre n'obtiendrait grace : s'il y a des corvées à faire, une milice à tirer, c'est à lui qu'on donne la préférence ; il porte toujours, outre sa charge, celle dont son voisin plus riche a le crédit de se faire exempter : au moindre accident qui lui arrive, chacun s'éloigne de lui : si sa pauvre charrette renverse, loin d'être aidé par personne, je le tiens heureux s'il évite en passant les avanies des gens lestes d'un jeune duc : en un mot, toute assistance gratuite le fuit au besoin, précisément parce qu'il n'a pas de quoi la payer ; mais je le tiens pour un homme perdu, s'il a le malheur d'avoir l'ame honnête, une fille aimable, et un puissant voisin.

Une autre attention non moins importante à faire, c'est que les pertes des pauvres sont beaucoup moins réparables que celles du riche, et que la difficulté d'acquérir croît toujours en raison du besoin. On ne fait rien avec rien ; cela est vrai dans les affaires comme en physique. L'argent est la semence de l'argent ; et la première pistole est quelquefois plus difficile à gagner que le second million. Il y a plus encore : c'est que tout ce que le pauvre paye est à jamais perdu pour lui, et reste ou revient dans les mains du riche; et comme c'est aux seuls hommes qui ont part au gouvernement, ou à ceux qui en approchent, que passe tôt ou tard le produit des impôts, ils ont, même en payant leur contingent, un intérêt sensible à les augmenter.

Résumons en quatre mots le pacte social des deux états. *Vous avez besoin de moi, car je suis riche et vous êtes pauvre ; faisons donc un accord entre nous : je permettrai que vous ayez l'honneur de me servir, à condition que vous me donnerez le peu qui vous reste, pour la peine que je prendrai de vous commander.*

Si l'on combine avec soin toutes ces choses, on trouvera que pour répartir les taxes d'une maniere équitable et vraiment proportionnelle, l'imposition n'en doit pas être faite seulement en raison des biens des contribuables, mais en raison composée de la différence de leurs conditions et du superflu de leurs biens. Opération très-importante et très-difficile, que font tous les jours des multitudes de commis honnêtes gens et qui savent l'arithmétique, mais dont les Platon et les Montesquieu n'eussent osé se charger qu'en tremblant, et en demandant au ciel des lumières et de l'intégrité.

Un autre inconvénient de la taxe personnelle, c'est de se faire trop sentir et d'être levée avec trop de dureté ; ce qui n'empêche pas qu'elle ne soit sujette à beaucoup de non-valeurs, parce qu'il est plus aisé de dérober au rôle et aux poursuites sa tête que ses possessions.

De toutes les autres impositions, le cens sur les terres ou la taille réelle a toujours passé pour la plus avantageuse dans les pays où l'on a plus d'égard à la quantité du produit et à la sûreté du recouvrement, qu'à la moindre incommodité du peuple. On a même osé dire qu'il fallait charger le paysan pour éveiller sa paresse, et qu'il ne ferait rien s'il n'avait rien à payer. Mais l'expérience dément chez tous les peuples du monde cette maxime ridicule : c'est en Hollande, en Angleterre où le cultivateur paie très-peu de chose, et surtout à la Chine où il ne paie rien, que la terre est le mieux cultivée. Au contraire, partout où le laboureur se voit chargé à proportion du produit de son champ, il le laisse en friche, ou n'en retire exactement que ce qu'il lui faut pour vivre. Car pour qui perd le fruit de sa peine, c'est gagner que ne rien faire ; et mettre le travail à l'amende, est un moyen fort singulier de bannir la paresse.

De la taxe sur les terres ou sur le blé, surtout quand elle est excessive, résul-

tent deux inconvénients si terribles,
qu'ils doivent dépeupler et ruiner à la
longue tous les pays où elle est établie.

Le premier vient du défaut de circulation des espèces, car le commerce et
l'industrie attirent dans les capitales
tout l'argent de la campagne; et l'impôt détruisant la proportion qui pouvait se trouver encore entre les besoins
du laboureur et le prix de son blé, l'argent vient sans cesse et ne retourne jamais; plus la ville est riche, plus le pays
est misérable. Le produit des tailles
passe des mains du prince ou du finan-
cier, dans celles des artistes et des marchands; et le cultivateur qui n'en re-
çoit jamais que la moindre partie, s'é-
puise enfin en payant toujours également et recevant toujours moins. Comment voudrait-on que pût vivre un
homme qui n'aurait que des veines et
point d'artères, ou dont les artères ne
porteraient le sang qu'à quatre doigts

du cœur? Chardin dit qu'en Perse les droits du roi sur les denrées se paient aussi en denrées. Cet usage, qu'Hérodote témoigne avoir autrefois été pratiqué dans le même pays jusqu'à Darius, peut prévenir le mal dont je viens de parler. Mais à moins qu'en Perse les intendants, directeurs, commis et garde-magasins ne soient une autre espèce de gens que partout ailleurs, j'ai peine à croire qu'il arrive jusqu'au roi la moindre chose de tous ces produits, que les blés ne se gâtent pas dans tous les greniers, et que le feu ne consume pas la plupart des magasins.

Le second inconvénient vient d'un avantage apparent, qui laisse aggraver les maux avant qu'on les aperçoive. C'est que le blé est une denrée que les impôts ne renchérissent point dans le pays qui la produit, et dont, malgré son absolue nécessité, la quantité diminue sans que le prix en augmente ; ce qui fait

que beaucoup de gens meurent de faim,
quoique le blé continue d'être à bon marché, et que le laboureur reste seul chargé de l'impôt qu'il n'a pu défalquer sur
le prix de la vente. Il faut bien faire attention qu'on ne doit pas raisonner de
la taille réelle comme des droits sur
toutes les marchandises qui en font haus-
ser le prix, et sont ainsi payés moins
par les marchands, que par les ache-
teurs. Car ces droits, quelque forts qu'ils
puissent être, sont pourtant volontaires,
et ne sont payés par le marchand qu'à
proportion des marchandises qu'il achè-
te; et comme il n'achete qu'à proportion
de son débit, il fait la loi au particulier.
Mais le laboureur qui, soit qu'il vende
ou non, est contraint de payer à des
termes fixes pour le terrain qu'il cultive,
n'est pas le maître d'attendre qu'on
mette à sa denrée le prix qu'il lui plaît;
et quand il ne la vendrait pas pour s'entretenir, il serait forcé de la vendre pour

payer la taille, de sorte que c'est quelquefois l'énormité de l'imposition qui
maintient la denrée à vil prix.

Remarquez encore que les ressources
du commerce et de l'industrie, loin de
rendre la taille plus supportable par
l'abondance de l'argent, ne la rendent
que plus onéreuse. Je n'insisterai point
sur une chose très-évidente ; savoir, que
si la plus grande ou moindre quantité
d'argent dans un état peut lui donner
plus ou moins de crédit au dehors, elle
ne change en aucune manière la fortune
réelle des citoyens, et ne les met ni plus
ni moins à leur aise. Mais je ferai ces
deux remarques importantes : l'une, qu'à
moins que l'état n'ait des denrées superflues, et que l'abondance de l'argent ne
vienne de leur débit chez l'étranger, les
villes où se fait le commerce se sentent
seules de cette abondance, et que le
paysan ne fait qu'en devenir relative-
ment plus pauvre : l'autre, que le prix

de toutes choses haussant avec la multiplication de l'argent, il faut aussi que les impôts haussent à proportion, de sorte que le laboureur se trouve plus chargé sans avoir plus de ressources.

On doit voir que la taille sur les terres est un véritable impôt sur leur produit. Cependant chacun convient que rien n'est si dangereux qu'un impôt sur le blé payé par l'acheteur : comment ne voit-on pas que le mal est cent fois pire quand cet impôt est payé par le cultivateur même ? N'est-ce pas attaquer la subsistance de l'état jusque dans sa source ? n'est-ce pas travailler aussi directement qu'il est possible à dépeupler le pays, et par conséquent à le ruiner à la longue ? Car il n'y a point pour une nation de pire disette que celle des hommes.

Il n'appartient qu'au véritable homme d'état d'élever ses vues, dans l'assiette des impôts, plus haut que l'objet des fi-

nances, de transformer des charges onéreuses en d'utiles réglemens de police,
et de faire douter au peuple si de tels éta-
blissemens n'ont pas eu pour fin le bien
de la nation plutót que le produit des
taxes.

Les droits sur l'importation des marchandises étrangères dont les habitants
sont avides sans que le pays en ait besoin, sur l'exportation de celles du crû
du pays dont il n'a pas de trop, et dont
les étrangers ne peuvent se passer, sur
les productions des arts inutiles et trop
lucratifs, sur les entrées dans les villes
des choses de pur agrément, et en général sur tous les objets du luxe, rem-
pliront tout ce double objet. C'est par
de tels impóts, qui soulagent la pauvreté
et chargent la richesse, qu'il faut prévenir l'augmentation continuelle de l'i-
négalité des fortunes, l'asservissement
aux riches d'une multitude d'ouvriers
et de serviteurs inutiles, la multiplica-

3.   9

tion des gens oisifs dans les villes, et la désertion des campagnes.

Il est important de mettre entre le prix des choses et les droits dont on les charge une telle proportion, que l'avidité des particuliers ne soit point trop portée à la fraude par la grandeur des profits. Il faut encore prévenir la facilité de la contrebande, en préférant les marchandises les moins faciles à cacher. Enfin il convient que l'impôt soit payé par celui qui emploie la chose taxée, plutôt que par celui qui la vend, auquel la quantité des droits dont il se trouverait chargé, donnerait plus de tentations et de moyens de les frauder. C'est l'usage constant de la Chine, le pays du monde où les impôts sont les plus forts et les mieux payés : le marchand ne paie rien ; l'acheteur seul acquitte le droit, sans qu'il en résulte ni murmures ni séditions, parce que les denrées nécessaires à la vie, telles que le riz et le blé, étant absolument franches, le peuple n'est point foulé, et l'impôt ne tombe que sur les gens aisés. Au reste, toutes ces précautions ne doivent pas tant être dictées par la crainte de la contrebande, que par l'attention que doit avoir le gouvernement à garantir les particuliers de la séduction des profits illégitimes, qui, après en avoir fait de mauvais citoyens, ne tarderait pas d'en faire de mal-honnêtes gens.

Qu'on établisse de fortes taxes sur la livrée, sur les équipages, sur les glaces, lustres et ameublements, sur les étoffes et la dorure, sur les cours et jardins des hôtels, sur les spectacles de toute espèce, sur les professions oiseuses, comme baladins, chanteurs, histrions, et en un mot sur cette foule d'objets de luxe, d'amusement et d'oisiveté qui frappent tous les yeux, et qui peuvent d'autant moins se cacher que leur seul usage est de se montrer, et qu'ils seraient inutiles s'ils n'étaient vus. Qu'on ne craigne pas que de tels produits fussent arbitraires, pour n'être fondés que sur des choses qui ne sont pas d'une absolue nécessité : c'est bien mal connaître les hommes, que de croire qu'après s'être une fois laissé séduire par le luxe, ils y puissent jamais renoncer; ils renonceraient cent fois plutôt au nécessaire, et aimeraient encore mieux mourir de faim que de honte. L'augmentation de la dépense ne sera qu'une nouvelle raison pour la soutenir, quand la vanité de se montrer opulent fera son profit du prix de la chose et des frais de la taxe. Tant qu'il y aura des riches, ils voudront se distinguer des pauvres, et l'état ne saurait se former un revenu moins onéreux ni plus assuré que sur cette distinction.

Par la même raison l'industrie n'aurait rien à souffrir d'un ordre économique qui enrichirait les finances, ranimerait l'agriculture en soulageant le laboureur, et rapprocherait insensiblement toutes les fortunes de cette mediocrité qui fait la véritable force d'un état. Il se pourrait, je l'avoue, que les impôts contribuassent à faire passer plus rapidement quelques modes; mais ce ne serait jamais que pour en substituer d'autres sur lesquelles l'ouvrier gagnerait, sans que le fisc eût rien à perdre. En un mot, supposons que l'esprit du gouvernement soit constamment d'asseoir toutes les taxes sur le superflu des richesses, il arrivera de deux choses l'une: ou les riches renonceront à leurs dépenses superflues pour n'en faire que d'utiles, qui retourneront au profit de l'état, alors l'assiette des impôts aura produit l'effet des meilleures lois somptuaires; les dépenses de l'état auront nécessairement diminué avec celles des particuliers; et le fisc ne saurait moins recevoir de cette manière, qu'il n'ait beaucoup

moins encore à débourser : ou si les riches ne diminuent rien de leurs profu-
sions, le fisc aura dans le produit des
impôts les ressources qu'il cherchait
pour pourvoir aux besoins réels de l'état.
Dans le premier cas, le fisc s'enrichit de
toute la dépense qu'il a de moins à faire :
dans le second, il s'enrichit encore de
la dépense inutile des particuliers.

Ajoutons à tout ceci une importante
distinction en matière de droit politique, et à laquelle les gouvernements,
jaloux de faire tout par eux-mêmes, devraient donner une grande attention.
J'ai dit que les taxes personnelles et les
impôts sur les choses d'absolue nécessité,
attaquant directement le droit de propriété, et par conséquent le vrai fondement de la société politique, sont toujours sujets à des conséquences dangereuses, s'ils ne sont établis avec l'exprès
consentement du peuple ou de ses représentants. Il n'en est pas de même des

droits sur les choses dont on peut s'interdire l'usage; car alors le particulier n'étant point absolument contraint à payer, sa contribution peut passer pour volontaire, de sorte que le consentement particulier de chacun des contribuants supplée au consentement général, et le suppose même en quelque manière. Car pourquoi le peuple s'opposerait-il à toute imposition qui ne tombe que sur quiconque veut bien la payer? Il me paraît certain que tout ce qui n'est ni proscrit par les lois ni contraire aux mœurs, et que le gouvernement peut défendre, il peut le permettre moyennant un droit. Si, par exemple, le gouvernement peut interdire l'usage des carrosses, il peut à plus forte raison imposer une taxe sur les carrosses; moyen sage et utile d'en blâmer l'usage sans le faire cesser. Alors on peut regarder la taxe comme une espèce d'amende, dont le produit dédommage de l'abus qu'elle punit.

Quelqu'un m'objectera peut-être que ceux que Bodin appelle *imposteurs*, c'est-à-dire, ceux qui imposent ou imaginent les taxes, étant dans la classe des riches, n'auront garde d'épargner les autres à leurs propres dépens, et de se charger eux-mêmes pour soulager les pauvres. Mais il faut rejeter de pareilles idées. Si dans chaque nation ceux à qui le souverain commet le gouvernement des peuples en étaient les ennemis par état, ce ne serait pas la peine de rechercher ce qu'ils doivent faire pour les rendre heureux.

F I N.

EXTRAIT

DU PROJET

DE

PAIX PERPÉTUELLE,

DE M. L'ABBÉ

DE SAINT-PIERRE.

Tunc genus humanum positis sibi consulet armis,
Inque vicem gens omnis amet.

LUCAN. Pharsal. lib. j.

LETTRE

A M. DE BASTIDE.

A Montmorenci, le 5 décembre 1760.

J'AURAIS voulu, Monsieur, pouvoir répondre à l'honnêteté de vos sollicitations, en concourant plus utilement à votre entreprise ; mais vous savez ma résolution, et faute de mieux je suis réduit, pour vous complaire, à tirer de mes anciens barbouillages le morceau ci-joint, comme le moins indigne des regards du public. Il y a six ans que, M. le comte de Saint-Pierre m'ayant confié les manuscrits de feu M. l'Abbé son oncle, j'avais commencé d'abréger ses écrits, afin de les rendre plus commodes à lire, et que ce qu'ils ont d'utile fût plus connu. Mon dessein était de publier cet abrégé en deux volumes, l'un desquels eût contenu les extraits des ouvrages, et l'autre un jugement raisonné sur chaque projet : mais, après quelque essai de ce travail, je vis qu'il ne m'était pas propre, et que je n'y réussirais point. J'abandonnai donc ce dessein, après l'avoir seulement exécuté sur la Paix perpétuelle et sur la Polysynodie. Je vous envoie, Monsieur, le premier de ces extraits, comme un sujet inaugural pour vous qui aimez la paix, et dont les écrits la respirent. Puissions-nous la voir bientôt rétablie entre les puissances ! car entre les auteurs on ne l'a jamais vue, et ce n'est pas aujourd'hui qu'on doit l'espérer.

Je vous salue, Monsieur, de tout mon cœur.

ROUSSEAU.

PROJET

DE

PAIX PERPÉTUELLE.

————

Comme jamais projet plus grand, plus beau ni plus utile n'occupa l'esprit humain, que celui d'une paix perpétuelle et universelle entre tous les peuples de l'Europe; jamais auteur ne mérita mieux l'attention du public que celui qui propose des moyens pour mettre ce projet en exécution. Il est même bien difficile qu'une pareille matière laisse un homme sensible et vertueux exempt d'un peu d'enthousiasme; et je ne sais si l'illusion d'un cœur véritablement humain, à qui son zèle rend tout facile, n'est pas en cela préférable à cet âpre

et repoussante raison, qui trouve toujours dans son indifférence pour le bien
public le premier obstacle à tout ce qui
peut le favoriser.

Je ne doute pas que beaucoup de lecteurs ne s'arment d'avance d'incrédulité
pour résister au plaisir de la persua-
sion, et je les plains de prendre si tris-
tement l'entêtement pour la sagesse.
Mais j'espère que quelque ame honnête
partagera l'émotion délicieuse avec laquelle je prends la plume sur un sujet
si intéressant pour l'humanité. Je vais
voir, du moins en idée, les hommes
s'unir et s'aimer ; je vais penser à une
douce et paisible société de frères, vivant dans une concorde éternelle, tous
conduits par les mêmes maximes, tous
heureux du bonheur commun ; et, réa-
lisant en moi-même un tableau si tou-
chant, l'image d'une félicité qui n'est
point, m'en fera goûter quelques instants
une véritable.

Je n'ai pu refuser ces premières lignes au sentiment dont j'étais plein : tâchons maintenant de raisonner de sang-froid. Bien résolu de ne rien avancer que je ne le prouve, je crois pouvoir prier le lecteur à son tour de ne rien nier qu'il ne le réfute ; car ce ne sont pas tant les raisonneurs que je crains, que ceux qui, sans se rendre aux preuves, n'y veulent rien objecter.

Il ne faut pas avoir longtemps médité sur les moyens de perfectionner un gouvernement quelconque, pour apercevoir des embarras et des obstacles qui naissent moins de sa constitution que de ses relations externes ; de sorte que la plupart des soins qu'il faudrait consacrer à sa police, on est contraint de les donner à sa sûreté, et de songer plus à le mettre en état de résister aux autres qu'à le rendre parfait en lui-même. Si l'ordre social était, comme on le prétend, l'ouvrage de la raison plutôt que des passions, eût-on tardé si longtemps à voir qu'on en a fait trop ou trop peu pour notre bonheur; que chacun de nous étant dans l'état civil avec ses concitoyens, et dans l'état de nature avec tout le reste du monde, nous n'avons prévenu les guerres particulières, que pour en allumer de générales qui sont mille fois plus terribles; et qu'en nous unissant à quelques hommes, nous devenons réellement les ennemis du genre humain ?

S'il y a quelque moyen de lever ces dangereuses contradictions, ce ne peut être que par une forme de gouvernement confédérative, qui, unissant les peuples par des liens semblables à ceux qui unissent les individus, soumette également les uns et les autres à l'autorité des lois. Ce gouvernement paraît d'ailleurs préférable à tout autre, en ce qu'il comprend à la fois les avantages des grands et des petits états, qu'il est redoutable au dehors par sa puissance, que les lois y sont en vigueur, et qu'il est le seul propre à contenir également les sujets, les chefs et les étrangers.

Quoique cette forme paraisse nouvelle à certains égards, et qu'elle n'ait en effet été bien entendue que par les modernes, les anciens ne l'ont pas ignorée. Les Grecs eurent leurs amphictyons; les Étrusques, leurs lucumonies; les Latins, leurs féries; les Gaules, leurs cités; et les derniers soupirs de la Grèce devinrent encore illustres dans la ligue achéenne. Mais nulles de ces confédérations n'approchèrent pour la sagesse de celle du Corps Germanique, de la Ligue Helvétique et des États-Généraux. Que si ces corps politiques sont encore en si petit nombre, et si loin de la perfection dont on sent qu'ils seraient susceptibles, c'est que le mieux ne s'exécute pas comme il s'imagine, et qu'en politique ainsi qu'en morale, l'étendue de nos connaissances ne prouve guères que la grandeur de nos maux.

Outre ces confédérations publiques, il s'en peut former tacitement d'autres moins apparentes et non moins réelles, par l'union des intérêts, par le rapport des maximes, par la conformité des coutumes, ou par d'autres circonstances qui laissent subsister des relations communes entre des peuples divisés. C'est ainsi que toutes les puissances de l'Europe forment entre elles une sorte de système qui les unit par une même religion, par un même droit des gens, par les mœurs, par les lettres, par le commerce, et par une sorte d'équilibre qui est l'effet nécessaire de tout cela; et qui, sans que personne songe en effet à le conserver, ne serait pourtant pas si facile à rompre que le pensent beaucoup de gens.

Cette société des peuples de l'Europe

n'a pas toujours existé, et les causes particulières qui l'ont fait naître servent encore à la maintenir. En effet, avant les conquêtes des Romains, tous les peuples de cette partie du monde, barbares et inconnus les uns aux autres, n'avaient rien de commun que leur qualité d'hommes ; qualité qui, ravalée alors par l'esclavage, ne différait guères dans leur esprit de celle de brute. Aussi les Grecs, raisonneurs et vains, distinguaient-ils, pour ainsi dire, deux espèces dans l'humanité ; dont l'une, savoir la leur, était faite pour commander ; et l'autre, qui comprenait tout le reste du monde, uniquement pour servir. De ce principe, il résultait qu'un Gaulois ou un Ibère n'était rien de plus pour un Grec, que n'eût été un Cafre ou un Américain ; et les barbares eux-mêmes n'avaient pas plus d'affinité entre eux, que n'en avaient les Grecs avec les uns et les autres.

Mais quand ce peuple, souverain par nature, eut été soumis aux Romains ses esclaves, et qu'une partie de l'hémisphère connu eut subi le même joug, il se forma une union politique et civile entre tous les membres d'un même empire. Cette union fut beaucoup resserrée par la maxime, ou très-sage ou très-insensée, de communiquer aux vaincus tous les droits des vainqueurs, et surtout par le fameux décret de Claude, qui incorporait tous les sujets de Rome au nombre de ses citoyens.

A la chaîne politique qui réunissait ainsi tous les membres en un corps, se joignirent les institutions civiles et les lois qui donnèrent une nouvelle force à ces liens, en déterminant d'une manière équitable, claire et précise, du moins autant qu'on le pouvait dans un si vaste empire, les devoirs et les droits réciproques du prince et des sujets, et ceux des citoyens entre eux. Le code de Théodose, et ensuite les livres de Justinien, furent une nouvelle chaîne de justice et de raison, substituée à propos à celle du pouvoir souverain, qui se relâchait très-sensiblement. Ce supplément retarda beaucoup la dissolution de l'empire, et lui conserva long-temps une sorte de juridiction sur les barbares mêmes qui le désolaient.

Un troisième lien, plus fort que les précédents, fut celui de la religion ; et l'on ne peut nier que ce ne soit surtout au christianisme que l'Europe doit encore aujourd'hui l'espèce de société qui s'est perpétuée entre ses membres : tellement que celui de ces membres qui n'a point adopté sur ce point le sentiment des autres, est toujours demeuré comme étranger parmi eux. Le christianisme, si méprisé à sa naissance, servit enfin d'asyle à ses détracteurs. Après l'avoir si cruellement et si vainement persécuté, l'empire romain y trouva les

ressources qu'il n'avait plus dans ses
forces ; ses missions lui valaient mieux
que des victoires ; il envoyait des évê-
ques réparer les fautes de ses généraux,
et triomphait par ses prêtres quand ses
soldats étaient battus. C'est ainsi que
les Francs, les Goths, les Bourgui-
gnons, les Lombards, les Avares et
mille autres, reconnurent enfin l'autorité de l'empire après l'avoir subjugué,
et reçurent, du moins en apparence,
avec la loi de l'évangile celle du prince
qui la leur faisait annoncer.

Tel était le respect qu'on portait encore à ce grand corps expirant, que
jusqu'au dernier instant ses destructeurs
s'honoraient de ses titres ; on voyait devenir officiers de l'empire, les mêmes
conquérants qui l'avaient avili ; les plus
grand rois, accepter, briguer même les
honneurs patriciaux, la préfecture, le
consulat ; et, comme un lion qui flatte
l'homme qu'il pourrait dévorer, on

voyait ces vainqueurs terribles rendre hommage au trône impérial , qu'ils étaient maîtres de renverser.

Voilà comment le sacerdoce et l'empire ont formé le lien social de divers peuples qui, sans avoir aucune communauté réelle d'intérêts, de droits ou de dépendance, en avaient une de maximes et d'opinions, dont l'influence est encore demeurée, quand le principe à été détruit. Le simulacre antique de l'empire romain a continué de former une sorte de liaison entre les membres qui l'avaient composé ; et Rome ayant dominé d'une autre manière après la destruction de l'empire, il est resté de ce double lien [1] une société plus étroite

[1] Le respect pour l'empire romain a tellement survécu à sa puissance, que bien des jurisconsultes ont mis en question si l'empereur d'Allemagne n'était pas le souverain naturel du monde ; et Barthole a poussé les choses jusqu'à traiter d'hérétique quiconque osait en douter. Les livres des canonistes sont pleins de décisions semblables sur l'autorité temporelle de l'église romaine.

entre les nations de l'Europe, où était
le centre des deux puissances, que dans
les autres parties du monde, dont les
divers peuples, trop épars pour se cor-
respondre, n'ont de plus aucun point
de réunion.

Joignez à cela la situation particulière
de l'Europe, plus également peuplée,
plus également fertile, mieux réunie
en toutes ses parties ; le mélange continuel des intérêts que les liens du sang
et les affaires du commerce, des arts,
des colonies, ont mis entre les souverains ; la multitude des rivières et la va-
riété de leur cours, qui rend toutes les
communications faciles ; l'humeur in-
constante des habitants, qui les porte
à voyager sans cesse et à se transporter
fréquemment les uns chez les autres ;
l'invention de l'imprimerie et le goût
général des lettres, qui a mis entre
eux une communauté d'études et de
connaissances ; enfin la multitude et la

petitesse des états, qui, jointe aux besoins de luxe et à la diversité des climats, rend les uns toujours nécessaires
aux autres. Toutes ces causes réunies
forment de l'Europe, non-seulement,
comme l'Asie ou l'Afrique, une idéale
collection de peuples qui n'ont de commun qu'un nom, mais une société
réelle qui a sa religion, ses mœurs,
ses coutumes, et même ses lois, dont
aucun des peuples qui la composent ne
peut s'écarter sans causer aussitôt des
troubles.

A voir, d'un autre côté, les dissentions
perpétuelles, les brigandages, les usurpations, les révoltes, les guerres, les
meurtres qui désolent journellement ce
respectable séjour des sages, ce bril-
lant asyle des sciences et des arts ; à considérer nos beaux discours et nos pro-
cédés horribles, tant d'humanité dans
les maximes et de cruauté dans les actions, une religion si douce et une si

sanguinaire intolérance, une politique si sage dans les livres et si dure dans la pratique, des chefs si bienfaisants et des peuples si misérables, des gouvernements si modérés et des guerres si cruelles, on sait à peine comment concilier ces étranges contrariétés ; et cette fraternité prétendue des peuples de l'Europe ne semble être qu'un nom de dérision, pour exprimer avec ironie leur mutuelle animosité.

Cependant les choses ne font que suivre en cela leur cours naturel ; toute société sans lois ou sans chefs, toute union formée ou maintenue par le hasard, doit nécessairement dégénérer en querelle et dissention à la première circonstance qui vient à changer : l'antique union des peuples de l'Europe a compliqué leurs intérêts et leurs droits de mille manières ; ils se touchent par tant de points, que le moindre mouvement des uns ne peut manquer de cho-

quer les autres : leurs divisions sont
d'autant plus funestes, que leurs liaisons sont plus intimes ; et leurs fréquen-
tes querelles ont presque la cruauté des
guerres civiles.

Convenons donc que l'état relatif des
puissances de l'Europe est proprement
un état de guerre, et que tous les traités partiels entre quelques-unes de ces
puissances sont plutôt des trèves passagères que de véritables paix ; soit parce
que ces traités n'ont point communé-
ment d'autres garants que les parties
contractantes, soit parce que les droits
des unes et des autres n'y sont jamais
décidés radicalement, et que ces droits
mal éteints, ou les prétentions qui en
tiennent lieu entre des puissances qui
ne reconnaissent aucun supérieur, seront infailliblement des sources de nouvelles guerres, sitôt que d'autres circonstances auront donné de nouvelles
forces aux prétendants.

D'ailleurs, le droit public de l'Europe n'étant point établi ou autorisé de concert, n'ayant aucuns principes généraux, et variant incessamment selon les temps et les lieux, il est plein de règles contradictoires qui ne se peuvent concilier que par le droit du plus fort ; de sorte que la raison sans guide assuré, se pliant toujours vers l'intérêt personnel dans les choses douteuses, la guerre serait encore inévitable, quand même chacun voudrait être juste. Tout ce qu'on peut faire avec de bonnes intentions, c'est de décider ces sortes d'affaires par la voie des armes, ou de les assoupir par des traités passagers ; mais bientôt aux occasions qui raniment les mêmes querelles, il s'en joint d'autres qui les modifient ; tout s'embrouille, tout se complique ; on ne voit plus rien au fond des choses ; l'usurpation passe pour droit, la faiblesse pour injustice ; et parmi ce désordre continuel, chacun se trouve insensiblement si fort déplacé, que si l'on pouvait remonter au droit solide et primitif, il y aurait peu de souverains en Europe qui ne dussent rendre tout ce qu'ils ont.

Une autre semence de guerre, plus cachée et non moins réelle, c'est que les choses ne changent point de forme en changeant de nature; que des états héréditaires en effet, restent électifs en apparence; qu'il y ait des parlements ou états nationaux dans des monarchies, des chefs héréditaires dans des républiques; qu'une puissance dépendante d'une autre, conserve encore une apparence de liberté; que tous les peuples, soumis au même pouvoir, ne soient pas gouvernés par les mêmes lois; que l'ordre de succession soit différent dans les divers états d'un même souverain; enfin que chaque gouvernement tende toujours à s'altérer, sans qu'il soit possible d'empêcher ce progrès. Voilà les causes

générales et particulières qui nous unis-
-sent pour nous détruire, et nous font
écrire une si belle doctrine sociale avec
des mains toujours teintes de sang humain.

Les causes du mal étant une fois con-
nues, le remède, s'il existe, est suffisamment indiqué par elles. Chacun voit
que toute société se forme par les intérêts communs ; que toute division naît
des intérêts opposés ; que mille événe-
ments fortuits pouvant changer et mo-
difier les uns et les autres, dès qu'il y
a société, il faut nécessairement une
force coactive qui ordonne et concerte
les mouvements de ses membres, afin de
donner aux communs intérêts et aux engagements réciproques la solidité qu'ils
ne sauraient avoir par eux-mêmes.

Ce serait d'ailleurs une grande erreur,
d'espérer que cet état violent pût jamais changer par la seule force des choses, et sans le secours de l'art. Le sys-

tême de l'Europe a précisément le degré de solidité qui peut la maintenir dans une agitation perpétuelle, sans la renverser tout-à-fait ; et si nos maux ne peuvent augmenter, ils peuvent encore moins finir, parce que toute grande révolution est désormais impossible.

Pour donner à ceci l'évidence nécessaire, commençons par jeter un coup-d'œil général sur l'état présent de l'Europe. La situation des montagnes, des mers et des fleuves qui servent de bornes aux nations qui l'habitent, semble avoir décidé du nombre et de la grandeur de ces nations ; et l'on peut dire que l'ordre politique de cette partie du monde est, à certains égards, l'ouvrage de la nature.

En effet, ne pensons pas que cet équilibre si vanté ait été établi par personne, et que personne ait rien fait à dessein de le conserver : on trouve qu'il existe ; et ceux qui ne sentent pas en eux-mêmes assez de poids pour le rompre, couvrent leurs vues particulières du prétexte de le soutenir. Mais, qu'on y songe ou non, cet équilibre subsiste, et n'a besoin que de lui-même pour se conserver, sans que personne s'en mêle ; et quand il se romprait un moment d'un côté, il se rétablirait bientôt d'un autre : de sorte que si les princes qu'on accuroit d'aspirer à la monarchie universelle y ont réellement aspiré, ils montraient en cela plus d'ambition que de génie. Car comment envisager un moment ce projet, sans en voir aussitôt le ridicule ? Comment ne pas sentir qu'il n'y a point de potentat en Europe assez supérieur aux autres pour pouvoir jamais en devenir le maître ? Tous les conquérants qui ont fait des révolutions, se présentaient toujours avec des forces inattendues, ou avec des troupes étrangères et différemment aguerries, à des peuples ou désarmés, ou divisés, ou sans discipline ; mais où prendrait un prince européen des forces inattendues pour accabler tous les autres, tandis que le plus puissant d'entre eux est une si petite partie du tout, et qu'ils ont de concert une si grande vigilance ? Aura-t-il plus de troupes qu'eux tous ? il ne le peut, ou n'en sera que plus tôt ruiné, ou ses troupes seront plus mauvaises en raison de leur plus grand nombre. En aura-t-il de mieux aguerries ? il en aura moins à proportion. D'ailleurs la discipline est partout à peu près la même, ou le deviendra dans peu. Aura-t-il plus d'argent ? les sources en sont communes, et jamais l'argent ne fit de grandes conquêtes. Fera-t-il une invasion subite ? la famine ou des places fortes l'arrêteront à chaque pas. Voudra-t-il s'agrandir pied à pied ? Il donne aux ennemis le moyen de s'unir pour résister ; le temps, l'argent et les hommes ne tarderont pas à lui manquer. Divisera-t-il

les autres puissances pour les vaincre
l'une par l'autre ? les maximes de l'Europe rendent cette politique vaine, et
le prince le plus borné ne donnerait pas
dans ce piége. Enfin, aucun d'eux ne
pouvant avoir de ressources exclusives,
la résistance est, à la longue, égale à
l'effort ; et le temps rétablit bientôt les
brusques accidents de la fortune, sinon
pour chaque prince en particulier, au
moins pour la constitution générale.

Veut-on maintenant supposer à plaisir
l'accord de deux ou trois potentats pour
subjuguer tout le reste ? Ces trois potentats, quels qu'ils soient, ne feront pas
ensemble la moitié de l'Europe. Alors
l'autre moitié s'unira certainement contre eux ; ils auront donc à vaincre plus
fort qu'eux-mêmes. J'ajoute que les vues
des uns sont trop opposées à celles des
autres, et qu'il règne une trop grande jalousie entr'eux, pour qu'ils puissent même former un semblable projet : j'ajoute

encore que, quand ils l'auraient formé, qu'ils le mettraient en exécution, et qu'il auraient quelque succès, ces succès mêmes seraient, pour les conquérants alliés, des semences de discorde; parce qu'il ne serait pas possible que les avantages fussent tellement partagés, que chacun se trouvât également satisfait des siens; et que le moins heureux s'opposerait bientôt aux progrès des autres qui, par une semblable raison, ne tarderaient pas à se diviser eux-mêmes. Je doute que, depuis que le monde existe, on ait jamais vu trois ni même deux grandes puissances, bien unies, en subjuguer d'autres, sans se brouiller sur les contingents ou sur les partages, et sans donner bientôt, par leur mésintelligence, de nouvelles ressources aux faibles. Ainsi, quelque supposition qu'on fasse, il n'est pas vraisemblable que ni prince ni ligue puisse désormais changer considérablement, et à demeure, l'état des choses parmi nous.

Ce n'est pas à dire que les Alpes, le Rhin, la Mer, les Pyrénées soient des obstacles insurmontables à l'ambition ; mais ces obstacles sont soutenus par d'autres qui les fortifient, ou ramènent les états aux mêmes limites, quand des efforts passagers les en ont écartés. Ce qui fait le vrai soutien du système de l'Europe, c'est bien en partie le jeu des négociations, qui presque toujours se balancent mutuellement : mais ce système a un autre appui plus solide encore ; et cet appui c'est le corps germanique, placé presque au centre de l'Europe, lequel en tient toutes les autres parties en respect, et sert peut-être encore plus au maintien de ses voisins, qu'à celui de ses propres membres : corps redoutable aux étrangers, par son étendue, par le nombre et la valeur de ses peuples, mais utile à tous par sa cons-

titution, qui, lui ôtant les moyens et
la volonté de rien conquérir, en fait
l'écueil des conquérants. Malgré les défauts de cette constitution de l'empire,
il est certain que tant qu'elle subsiste-
ra, jamais l'équilibre de l'Europe ne
sera rompu, qu'aucun potentat n'aura
à craindre d'être détrôné par un autre,
et que le traité de Westphalie sera peut-
être à jamais parmi nous la base du système politique. Ainsi le droit public,
que les Allemands étudient avec tant de
soin, est encore plus important qu'ils ne
pensent, et n'est pas seulement le droit
public germanique, mais, à certains
égards, celui de toute l'Europe.

Mais, si le présent système est inébranlable, c'est en cela même qu'il est
plus orageux : car il y a entre les puissances européennes une action et une
réaction qui, sans les déplacer tout-à-
fait, les tient dans une agitation continuelle ; et leurs efforts sont toujours

3.   12

vains et toujours renaissants, comme
les flots de la mer, qui sans cesse agi-
tent sa surface, sans jamais en change
le niveau ; de sorte que les peuples son
incessamment désolés, sans aucun pro
fit sensible pour les souverains.

Il me serait aisé de déduire la même
vérité des intérêts particuliers de toute
les cours de l'Europe ; car je ferais voi
aisément que ces intérêts se croisent de
manière à tenir toutes leurs forces mutuellement en respect : mais les idées de
commerce et d'argent ayant produit une
espèce de fanatisme politique, font s
promptement changer les intérêts apparents de tous les princes, qu'on ne peu
établir aucune maxime stable sur leur
vrais intérêts, parce que tout dépend
maintenant des systêmes économiques,
la plupart fort bizarres, qui passent par
la tête des ministres. Quoi qu'il en soit
le commerce, qui tend journellement
à se mettre en équilibre, ôtant à cer-

taines puissances l'avantage exclusif qu'elles en tiraient, leur ôte en même temps un des grands moyens qu'elles avaient de faire la loi aux autres [2].

Si j'ai insisté sur l'égale distribution de force qui résulte en Europe de la constitution actuelle, c'était pour en déduire une conséquence importante à l'établissement d'une association générale : car, pour former une confedération solide et durable, il faut en mettre tous les membres dans une dépendance tellement mutuelle, qu'aucun ne soit seul en état de résister à tous les autres,

[2] Les choses ont changé depuis que j'écrivais ceci ; mais mon principe sera toujours vrai. Il est, par exemple, très-aisé de prévoir que dans vingt ans d'ici l'Angleterre, avec toute sa gloire, sera ruinée, et de plus aura perdu le reste de sa liberté. Tout le monde assure que l'agriculture fleurit dans cette île, et moi je parie qu'elle y dépérit. Londres s'agrandit tous les jours; donc le royaume se dépeuple. Les Anglais veulent être conquérants; donc ils ne tarderont pas d'être esclaves.

et que les associations particulières qui pourraient nuire à la grande, y rencontrent des obstacles suffisants pour empêcher leur exécution, sans quoi la confédération serait vaine, et chacun serait réellement indépendant, sous une apparente sujétion. Or, si ces obstacles sont tels que j'ai dit ci-devant, maintenant que toutes les puissances sont dans une entière liberté de former entr'elles des ligues et des traités offensifs, qu'on juge de ce qu'ils seraient quand il y aurait une grande ligue armée, toujours prête à prévenir ceux qui voudraient entreprendre de la détruire ou de lui résister. Ceci suffit pour montrer qu'une telle association ne consisterait pas en délibérations vaines, auxquelles chacun pût résister impunément ; mais qu'il en naîtrait une puissance effective, capable de forcer les ambitieux à se tenir dans les bornes du traité général.

Il résulte de cet exposé trois vérités

incontestables. L'une, qu'excepté le
Turc, il règne entre tous les peuples de
l'Europe une liaison sociale imparfaite,
mais plus étroite que les nœuds généraux et lâches de l'humanité. La seconde, que l'imperfection de cette société rend la condition de ceux qui la
composent, pire que la privation de
toute société entre eux. La troisième,
que ces premiers liens qui rendent cette
société nuisible, la rendent en même
temps facile à perfectionner ; ensorte
que tous ses membres pourraient tirer
leur bonheur de ce qui fait actuellement
leur misère, et changer en une paix éternelle l'état de guerre qui règne entr'eux.
Voyons maintenant de quelle manière
ce grand ouvrage, commencé par la
fortune, peut être achevé par la raison ;
et comment la société libre et volontaire
qui unit tous les états européens, prenant la force et la solidité d'un vrai
corps politique, peut se changer en une

confédération réelle. Il est indubitable qu'un pareil établissement donnant à cette association la perfection qui lui manquait, en détruira l'abus, en étendra les avantages, et forcera toutes les parties à concourir au bien commun : mais il faut pour cela que cette confédération soit tellement générale, que nulle puissance considérable ne s'y refuse ; qu'elle ait un tribunal judiciaire qui puisse établir les lois et les réglements qui doivent obliger tous les membres ; qu'elle ait une force coactive et coërcitive pour contraindre chaque état de se soumettre aux délibérations communes, soit pour agir, soit pour s'abstenir ; enfin, qu'elle soit ferme et durable, pour empêcher que les membres ne s'en détachent à leur volonté, sitôt qu'ils croiront voir leur intérêt particulier contraire à l'intérêt général. Voilà les signes certains auxquels on reconnaîtra que l'institution est sage, utile et inébranable : il s'agit maintenant d'étendre cette supposition, pour chercher, par analyse, quels effets doivent en résulter, quels moyens sont propres à l'établir, quel espoir raisonnable on peut avoir de la mettre en exécution.

Il se forme de temps en temps parmi nous des espèces de diètes générales sous le nom de congrès, où l'on se rend solennellement de tous les états de l'Europe pour s'en retourner de même ; où l'on s'assemble pour ne rien dire ; où toutes les affaires publiques se traitent en particulier ; où l'on délibère en commun si la table sera ronde ou carrée, si la salle aura plus ou moins de portes, si un tel plénipotentiaire aura le visage ou le dos tourné vers la fenêtre, si tel autre fera deux pouces de chemin de plus ou de moins dans une visite, et sur mille questions de pareille importance, inutilement agitées depuis trois siècles, et très-dignes assurément d'occuper les politiques du nôtre.

Il se peut faire que les membres d'une
de ces assemblées soient une fois doués
du sens commun ; il n'est pas même impossible qu'ils veuillent sincérement le
bien public ; et, par les raisons qui seront
ci-après déduites, on peut concevoir encore qu'après avoir applani bien des difficultés, ils auront ordre de leurs souverains respectifs de signer la confédération
générale, que je suppose sommaire-
ment contenue dans les cinq articles sui-
vants.

Par le premier, les souverains con-
tractants établiront entr'eux une alliance
perpétuelle et irrévocable, et nomme-
ront des plénipotentiaires pour tenir dans
un lieu déterminé une diète ou un congrès permanent, dans lequel tous les
différends des parties contractantes seront réglés et terminés par voie d'arbitrage ou de jugement.

Par le second, on spécifiera le nombre des souverains dont les plénipoten-

tiaires auront voix à la diète, ceux qui seront invités d'accéder au traité; l'ordre, le temps et la manière dont la présidence passera de l'un à l'autre par intervalles égaux; enfin la quotité relative des contributions, et la manière de les lever, pour fournir aux dépenses communes.

Par le troisième, la confédération garantira à chacun de ses membres la possession et le gouvernement de tous les états qu'il possède actuellement, de même que la succession élective ou héréditaire, selon que le tout est établi par les lois fondamentales de chaque pays; et pour supprimer tout d'un coup la source des démêlés qui renaissent incessamment, on conviendra de prendre la possession actuelle et les derniers traités pour base de tous les droits mutuels des puissances contractantes, renonçant pour jamais et réciproquement à toute autre prétention antérieure; sauf les successions futures contentieuses et autres droits à échoir, qui seront tous réglés à l'arbitrage de la diète, sans qu'il soit permis de s'en faire raison par voies de fait, ni de prendre jamais les armes l'un contre l'autre, sous quelque prétexte que ce puisse être.

Par le quatrième, on spécifiera les cas où tout allié, infracteur du traité, serait mis au ban de l'Europe, et proscrit comme ennemi public; savoir, s'il refusait d'exécuter les jugements de la grande alliance, qu'il fît des préparatifs de guerre, qu'il négociât des traités contraires à la confédération, qu'il prît les armes pour lui résister, ou pour attaquer quelqu'un des alliés.

Il sera encore convenu par le même article, qu'on armera et agira offensivement, conjointement et à frais communs, contre tout état au ban de l'Europe, jusqu'à ce qu'il ait mis bas les armes, exécuté les jugements et réglements de la diète, réparé les torts, remboursé les frais, et fait raison même des préparatifs de guerre contraires au traité.

Enfin, par le cinquième, les plénipotentiaires du corps européen auront toujours le pouvoir de former dans la diète, à la pluralité des voix pour la provision, et aux trois quarts des voies cinq ans après pour la définitive, sur les instructions de leurs cours, les réglements qu'ils jugeront importants pour procurer à la république européenne et à chacun de ses membres tous les avantages possibles ; mais on ne pourra jamais rien changer à ces cinq articles fondamentaux, que du consentement unanime des confédérés.

Ces cinq articles, ainsi abrégés et couchés en règles générales, sont, je ne l'ignore pas, sujets à mille petites difficultés, dont plusieurs demanderaient de longs éclaircissements ; mais les petites difficultés se lèvent aisément au besoin, et ce n'est pas d'elles qu'il s'agit dans une entreprise de l'importance de celle-ci. Quand il sera question du détail de la police du congrès, on trouvera mille obstacles, et dix mille moyens de les lever. Ici il est question d'examiner, par la nature des choses, si l'entreprise est possible ou non. On se perdrait dans des volumes de riens, s'il fallait tout prévoir et répondre à tout. En se tenant aux principes incontestables, on ne doit pas vouloir contenter tous les esprits, ni résoudre toutes les objections, ni dire comment tout se fera : il suffit de montrer que tout se peut faire.

Que faut-il donc examiner pour bien juger de ce systéme ? Deux questions seulement ; car c'est une insulte que je ne veux pas faire au lecteur, de lui prouver qu'en général l'état de paix est préférable à l'état de guerre.

La première question est, si la confédération proposée irait sûrement à son

but, et serait suffisante pour donner à
l'Europe une paix solide et perpétuelle ?

La seconde, s'il est de l'intérêt des
souverains d'établir cette confédération, et d'acheter une paix constante à
ce prix ?

Quand l'utilité générale et particulière sera ainsi démontrée, on ne voit
plus dans la raison des choses, quelle
cause pourrait empêcher l'effet d'un établissement qui ne dépend que de la volonté des intéressés.

Pour discuter d'abord le premier article, appliquons ici ce que j'ai dit ci-
devant du système général de l'Europe,
et de l'effort commun qui circonscrit
chaque puissance à peu près dans ses
bornes, et ne lui permet pas d'en écraser
entièrement d'autres. Pour rendre sur
ce point mes raisonnements plus sensibles, je joins ici la liste des dix-neuf
puissances qu'on suppose composer la
république européenne ; ensorte que

chacune ayant voix égale, il y aurait
dix-neuf voix dans la diète,

Savoir :

L'empereur des Romains.
L'empereur de Russie.
Le roi de France.
Le roi d'Espagne.
Le roi d'Angleterre.
Les Etats-Généraux.
Le roi de Danemarck.
La Suède.
La Pologne.
Le roi de Portugal.
Le souverain de Rome.
Le roi de Prusse.
L'électeur de Bavière et ses co-asso-
    ciés.
L'électeur Palatin et ses co-associés.
Les Suisses et leurs co-associés.
Les électeurs ecclésiastiques et leurs
    associés.
La république de Venise et ses co-
    associés.

Le roi de Naples.

Le roi de Sardaigne.

Plusieurs souverains moins considérables, tels que la république de Gênes, les ducs de Modène et de Parme, et d'autres, étant omis dans cette liste, seront joints aux moins puissants par forme d'association, et auront avec eux un droit de suffrage, semblable au *votum curiatum* des comtes de l'empire. Il est inutile de rendre ici cette énumération plus précise, parce que, jusqu'à l'exécution du projet, il peut survenir d'un moment à l'autre des accidents sur lesquels il la faudrait réformer, mais qui ne changeraient rien au fond du système.

Il ne faut que jeter les yeux sur cette liste, pour voir avec la dernière évidence qu'il n'est pas possible, ni qu'aucune des puissances qui la composent soit en état de résister à toutes les autres unies en corps, ni qu'il s'y forme

aucune ligue partielle, capable de fair.
tête à la grande confédération.

Car comment se ferait cette ligue ?
Serait-ce entre les plus puissants ? Nous
avons montré qu'elle ne saurait être durable ; et il est bien aisé maintenant de
voir encore qu'elle est incompatible avec
le système particulier de chaque grande
puissance, et avec les intérêts insépa-
rables de sa constitution. Serait-ce entre un grand état et plusieurs petits ?
Mais les autres grands états, unis à la
confédération, auront bientôt écrasé la
ligue ; et l'on doit sentir que la grande
alliance étant toujours unie et armée,
il lui sera facile, en vertu du quatrième
article, de prévenir et d'étouffer d'abord
toute alliance partielle et séditieuse,
qui tendrait à troubler la paix et l'ordre
public. Qu'on voie ce qui se passe dans
le corps germanique : malgré les abus
de sa police et l'extrême inégalité de
ses membres : y en a t-il un seul, même

parmi les plus puissants, qui osât s'exposer au ban de l'empire, en blessant ouvertement sa constitution, à moins qu'il ne crût avoir de bonnes raisons de ne point craindre que l'empire voulût agir contre lui tout de bon?

Ainsi je tiens pour démontré, que la diète européenne une fois établie n'aura jamais de rebellion à craindre, et que, bien qu'il s'y puisse introduire quelques abus, ils ne peuvent jamais aller jusqu'à éluder l'objet de l'institution. Reste à voir si cet objet sera bien rempli par l'institution même.

Pour cela, considérons les motifs qui mettent aux princes les armes à la main. Ces motifs sont, ou de faire des conquêtes, ou de se défendre d'un conquérant, ou d'affaiblir un trop puissant voisin, ou de soutenir ses droits attaqués, ou de vider un différend qu'on n'a pu terminer à l'amiable, ou enfin de remplir les engagements d'un traité. Il n'y a ni cause, ni prétexte de guerre qu'on ne puisse ranger sous quelqu'un de ces six chefs : or, il est évident qu'aucun des six ne peut exister dans ce nouvel état de choses.

Premièrement, il faut renoncer aux conquêtes, par l'impossibilité d'en faire, attendu qu'on est sûr d'être arrêté dans son chemin par de plus grandes forces que celles qu'on peut avoir ; de sorte qu'en risquant de tout perdre, on est dans l'impuissance de rien gagner. Un prince ambitieux qui veut s'agrandir en Europe, fait deux choses : il commence par se fortifier de bonnes alliances, puis il tâche de prendre son ennemi au dépourvu. Mais les alliances particulières ne serviraient de rien contre une alliance plus forte, et toujours subsistante ; et nul prince n'ayant plus aucun prétexte d'armer, il ne saurait le faire sans être aperçu, prévenu et puni par la confédération toujours armée.

La même raison qui ôte à chaque prince tout espoir de conquêtes, lui ôte en même temps toute crainte d'être attaqué; et non-seulement ses états, garantis par toute l'Europe, lui sont aussi assurés qu'aux citoyens leurs possessions dans un pays bien policé, mais plus que s'il était leur unique et propre défenseur, dans le même rapport que l'Europe entière est plus forte que lui seul.

On n'a plus de raison de vouloir affaiblir un voisin dont on n'a plus rien à craindre ; et l'on n'en est pas même tenté, quand on n'a nul espoir de réussir.

A l'égard du soutien de ses droits, il faut d'abord remarquer qu'une infinité de chicannes et de prétentions obscures et embrouillées seront toutes anéanties par le troisieme article de la confédération, qui règle définitivement tous les droits réciproques des souverains alliés sur leur actuelle possession. Ainsi toutes les demandes et prétentions possibles deviendront claires à l'avenir, et seront jugées dans la diète, à mesure qu'elles pourront naître : ajoutez que si l'on attaque mes droits, je dois les soutenir par la même voie. Or, on ne peut les attaquer par les armes, sans encourir le ban de la diète. Ce n'est donc pas non plus par les armes que j'ai besoin de les défendre. On doit dire la même chose des injures, des torts, des réparations, et de tous les différends imprévus qui peuvent s'élever entre deux souverains ; et le même pouvoir qui doit défendre leurs droits, doit aussi redresser leurs griefs.

Quant au dernier article, la solution saute aux yeux. On voit d'abord, que n'ayant plus d'agresseur à craindre, on n'a plus besoin de traité défensif ; et que comme on n'en saurait faire de plus solide et de plus sûr que celui de la grande confédération, tout autre serait inutile, illégitime, et par conséquent nul.

Il n'est donc pas possible que la confédération une fois établie puisse laisser aucune semence de guerre entre les confédérés, et que l'objet de la paix perpétuelle ne soit exactement rempli par l'exécution du système proposé.

Il nous reste maintenant à examiner l'autre question qui regarde l'avantage des parties contractantes; car on sent bien que vainement ferait-on parler l'intérêt public au préjudice de l'intérêt particulier. Prouver que la paix est en général préférable à la guerre, c'est ne rien dire à celui qui croit avoir des raisons de préférer la guerre à la paix; et lui montrer les moyens d'établir une paix durable, ce n'est que l'exciter à s'y opposer.

En effet, dira-t-on, vous ôtez aux souverains le droit de se faire justice à eux-mêmes, c'est-à-dire, le précieux droit d'être injustes quand il leur plaît; vous leur ôtez le pouvoir de s'agrandir aux dépens de leurs voisins; vous les

faites renoncer à ces antiques prétentions qui tirent leur prix de leur obscu-
rité, parce qu'on les étend avec sa fortune ; à cet appareil de puissance et de
terreur, dont ils aiment à effrayer le
monde ; à cette gloire des conquêtes,
dont ils tirent leur honneur ; et pour
tout dire enfin, vous les forcez d'être
équitables et pacifiques. Quels seront
les dédommagements de tant de cruelles privations ?

Je n'oserais répondre avec l'abbé de
Saint-Pierre, que la véritable gloire des
princes consiste à procurer l'utilité publique et le bonheur de leurs sujets ; que
tous leurs intérêts sont subordonnés à
leur réputation ; et que la réputation,
qu'on acquiert auprès des sages, se mesure sur le bien que l'on fait aux hommes ; que l'entreprise d'une paix perpétuelle étant la plus grande qui ait jamais
été faite, est la plus capable de couvrir
son auteur d'une gloire immortelle ; que

cette même entreprise étant aussi la plus utile aux peuples, est encore la plus honorable aux souverains, la seule surtout qui ne soit pas souillée de sang, de rapines, de pleurs, de malédictions; et qu'enfin le plus sûr moyen de se distinguer dans la foule des rois, est de travailler au bonheur public. Laissons aux harangueurs ces discours qui, dans les cabinets des ministres, ont couvert de ridicule l'auteur et ses projets : mais ne méprisons pas comme eux ses raisons ; et, quoi qu'il en soit des vertus des princes, parlons de leurs intérêts.

Toutes les puissances de l'Europe ont des droits ou des prétentions les unes contre les autres : ces droits ne sont pas de nature à pouvoir jamais être parfaitement éclaircis, parce qu'il n'y a point, pour en juger, de règle commune et constante, et qu'ils sont souvent fondés sur des faits équivoques ou incertains. Les différends qu'ils causent ne sauraient non plus être jamais terminés sans retour, tant faute d'arbitre compétent, que parce que chaque prince revient dans l'occasion, sans scrupule, sur les cessions qui lui ont été arrachées par force dans des traités par les plus puissants, ou après des guerres malheureuses. C'est donc une erreur de ne songer qu'à ses prétentions sur les autres, et d'oublier celles des autres sur nous, lorsqu'il n'y a d'aucun côté ni plus de justice, ni plus d'avantage dans les moyens de faire valoir ces prétentions réciproques. Sitôt que tout dépend de la fortune, la possession actuelle est d'un prix que la sagesse ne permet pas de risquer contre le profit à venir, même à chance égale; et tout le monde blâme un homme à son aise, qui, dans l'espoir de doubler son bien, l'ose risquer en un coup de dés. Mais nous avons fait voir que dans les projets d'agrandissement, chacun, même dans le système actuel, doit trouver une résistance supérieure à son effort : d'où il suit que les plus puissants n'ayant aucune raison de jouer, ni les plus faibles aucun espoir de profit, c'est un bien pour tous de renoncer à ce qu'ils desirent, pour s'assurer ce qu'ils possèdent.

Considérons la consommation d'hommes, d'argent, de forces de toutes espèces, l'épuisement où la plus heureuse guerre jette un état quelconque, et comparons ce préjudice aux avantages qu'il en retire ; nous trouverons qu'il perd souvent quand il croit gagner, et que le vainqueur, toujours plus faible qu'avant la guerre, n'a de consolation que de voir le vaincu plus affaibli que lui : encore cet avantage est-il moins réel qu'apparent, parce que la supériorité qu'on peut avoir acquise sur son adversaire, on l'a perdue en même temps contre les puissances neutres, qui sans changer d'état se fortifient, par rapport à nous, de tout notre affaiblissement.

3.   14

Si tous les rois ne sont pas revenus encore de la folie des conquêtes, il semble au moins que les plus sages commencent à entrevoir qu'elles coûtent quelquefois plus qu'elles ne valent. Sans entrer à cet égard dans mille distinctions qui nous mèneraient trop loin, on peut dire en général, qu'un prince qui, pour reculer ses frontières, perd autant de ses anciens sujets qu'il en acquiert de nouveaux, s'affaiblit en s'agrandissant ; parce qu'avec un plus grand espace à défendre, il n'a pas plus de défenseurs. Or, on ne peut ignorer que par la manière dont la guerre se fait aujourd'hui, la moindre dépopulation qu'elle produit est celle qui se fait dans les armées : c'est bien là la perte apparente et sensible ; mais il s'en fait en même temps dans tout l'état une plus grave et plus irréparable que celle des hommes qui meurent, par ceux qui ne naissent pas, par l'augmentation des impôts, par l'interruption du commerce, par la désertion des campagnes, par l'abandon de l'agriculture. Ce mal qu'on n'aperçoit point d'abord, se fait sentir cruellement dans la suite; et c'est alors qu'on est étonné d'être si faible, pour s'être rendu si puissant.

Ce qui rend encore les conquêtes moins intéressantes, c'est qu'on sait maintenant par quels moyens on peut doubler et tripler sa puissance, non-seulement sans étendre son territoire, mais quelquefois en le resserrant, comme fit très-sagement l'empereur Adrien. On sait que ce sont les hommes seuls qui font la force des rois; et c'est une proposition qui découle de ce que je viens de dire, que de deux états qui nourrissent le même nombre d'habitants, celui qui occupe une moindre étendue de terre est réellement le plus puissant. C'est donc par de bonnes lois, par une sage police, par de grandes vues économi-

ques, qu'un souverain judicieux est sûr
d'augmenter ses forces, sans rien donner au hasard. Les véritables conquêtes
qu'il fait sur ses voisins, sont les établissements plus utiles qu'il forme dans
ses états ; et tous les sujets de plus qui
lui naissent, sont autant d'ennemis qu'il
tue.

Il ne faut point m'objecter ici que je
prouve trop, en ce que, si les choses
étaient comme je les représente, chacun ayant un véritable intérêt de ne pas
entrer en guerre, et les intérêts particuliers s'unissant à l'intérêt commun
pour maintenir la paix, cette paix devrait s'établir d'elle-même, et durer
toujours sans aucune confédération. Ce
serait faire un fort mauvais raisonne-
ment dans la présente constitution ; car,
quoiqu'il fût beaucoup meilleur pour
tous d'être toujours en paix, le défaut
commun de sûreté à cet égard fait que
chacun ne pouvant s'assurer d'éviter la

guerre, tâche au moins de la commencer à son avantage quand l'occasion le
favorise, et de prévenir un voisin qui
ne manquerait pas de le prévenir à
son tour, dans l'occasion contraire ; de
sorte que beaucoup de guerres, même
offensives, sont d'injustes précautions
pour mettre en sûreté son propre bien,
plutôt que des moyens d'usurper celui
des autres. Quelque salutaires que puissent être généralement les maximes du
bien public, il est certain qu'à ne considérer que l'objet qu'on regarde en politique, et souvent même en morale,
elles deviennent pernicieuses à celui qui
s'obstine à les pratiquer avec tout le
monde, quand personne ne les pratique avec lui.

Je n'ai rien à dire sur l'appareil des
armes, parce que, destitué de fondements solides, soit de crainte, soit d'es-
pérance, cet appareil est un jeu d'enfants, et que les rois ne doivent point

avoir de poupées. Je ne dis rien non plus de la gloire des conquérants, parce que, s'il y avait quelques monstres qui s'affligeassent uniquement pour n'avoir personne à massacrer, il ne faudrait point leur parler raison, mais leur ôter les moyens d'exercer leur rage meurtrière. La garantie de l'article troisième ayant prévenu toutes solides raisons de guerre, on ne saurait avoir de motif de l'allumer contre autrui, qui ne puisse en fournir autant à autrui contre nous-mêmes ; et c'est gagner beaucoup, que de s'affranchir d'un risque où chacun est seul contre tous.

Quant à la dépendance où chacun sera du tribunal commun, il est très-clair qu'elle ne diminuera rien des droits de la souveraineté, mais les affermira au contraire, et les rendra plus assurés par l'article troisième, en garantissant à chacun, non-seulement ses états contre toute invasion étrangère, mais encore son autorité contre toute rebellion de ses sujets. Ainsi les princes n'en seront pas moins absolus, et leur couronne en sera plus assurée : de sorte qu'en se soumettant au jugement de la diète dans leurs démêlés d'égal à égal, et s'ôtant le dangereux pouvoir de s'emparer du bien d'autrui, ils ne font que s'assurer de leurs véritables droits, et renoncer à ceux qu'ils n'ont pas. D'ailleurs, il y a bien de la différence entre dépendre d'autrui, ou seulement d'un corps dont on est membre, et dont chacun est chef à son tour ; car en ce dernier cas on ne fait qu'assurer sa liberté, par les garants qu'on lui donne : elle s'aliénerait dans les mains d'un maître, mais elle s'affermit dans celles des associés. Ceci se confirme par l'exemple du corps germanique ; car, bien que la souveraineté de ses membres soit altérée à bien des égards par sa constitution, et qu'ils soient par conséquent dans un cas moins favorable que ne seraient ceux du corps européen, il n'y en a pourtant pas un seul, quelque jaloux qu'il soit de son autorité, qui voulût, quand il le pourrait, s'assurer une indépendance absolue, en se détachant de l'empire.

Remarquez de plus, que le corps germanique ayant un chef permanent, l'autorité de ce chef doit nécessairement tendre sans cesse à l'usurpation ; ce qui ne peut arriver de même dans la diète européenne, où la présidence doit être alternative, et sans égard à l'inégalité de puissance.

A toutes ces considérations, il s'en joint une autre bien plus importante encore pour des gens aussi avides d'argent que le sont toujours les princes : c'est une grande facilité de plus d'en avoir beaucoup, par tous les avantages qui résulteront, pour leurs peuples et pour eux, d'une paix continuelle, et par l'excessive dépense qu'épargne la réforme de l'état militaire, de ces multitudes de forteresses, et de cette énorme quantité de troupes qui absorbe leurs revenus, et devient chaque jour plus à charge à leurs peuples et à eux-mêmes. Je sais qu'il ne convient pas à tous les souverains de supprimer toutes leurs troupes, et de n'avoir aucune force publique en main pour étouffer une émeute inopinée, ou repousser une invasion subite [3]. Je sais encore qu'il y aura un contingent à fournir à la confédération, tant pour la garde des frontières de l'Europe, que pour l'entretien de l'armée confédérative destinée à soutenir, au besoin, les décrets de la diète. Mais, toutes ces dépenses faites, et l'extraordinaire des guerres à jamais supprimé, il resterait encore plus de la moitié de la dépense militaire ordinaire à répartir entre le

[3] Il se présente encore ici d'autres objections ; mais, comme l'auteur du projet ne se les est pas faites, je les ai rejetées dans l'examen.

soulagement des sujets et les coffres du prince : de sorte que le peuple paierait beaucoup moins ; que le prince, beaucoup plus riche, serait en état d'exciter le commerce, l'agriculture, les arts, de faire des établissements utiles, qui augmenteraient encore la richesse du peuple et la sienne ; et que l'état serait avec cela dans une sûreté beaucoup plus parfaite que celle qu'il peut tirer de ses armées, et de tout cet appareil de guerre qui ne cesse de l'épuiser au sein de la paix.

On dira peut-être que les pays frontières de l'Europe seraient alors dans une position plus désavantageuse, et pourraient avoir également des guerres à soutenir, ou avec le Turc, ou avec les corsaires d'Afrique, ou avec les Tartares.

A cela je réponds, 1°. que ces pays sont dans le même cas aujourd'hui, et que par conséquent ce ne serait pas pour

eux un désavantage positif à citer, mais
seulement un avantage de moins, et
un inconvénient inévitable auquel leur
situation les expose. 2°. Que, délivrés
de toute inquiétude du côté de l'Europe,
ils seraient beaucoup plus en état de résister au dehors. 3°. Que la suppression
de toutes les forteresses de l'intérieur
de l'Europe, et des frais nécessaires à
leur entretien, mettrait la confédération
en état d'en établir un grand nombre sur
les frontières, sans être à charge aux confédérés. 4°. Que ces forteresses cons-
truites, entretenues et gardées à frais
communs, seraient autant de sûretés et
de moyens d'épargne pour les puissances
frontières, dont elles garantiraient les
états. 5°. Que les troupes de la confédération distribuées sur les confins de l'Europe, seraient toujours prêtes à repousser
l'agresseur. 6°. Qu'enfin un corps aussi
redoutable que la république européenne, ôterait aux étrangers l'envie d'atta

quer aucun de ses membres ; comme le corps germanique, infiniment moins puissant, ne laisse pas de l'être assez pour se faire respecter de ses voisins, et protéger utilement tous les princes qui le composent.

On pourra dire encore, que les Européens n'ayant plus de guerres entr'eux, l'art militaire tomberait insensiblement dans l'oubli ; que les troupes perdraient leur courage et leur discipline ; qu'il n'y aurait plus ni généraux ni soldats, et que l'Europe resterait à la merci du premier venu.

Je réponds qu'il arrivera de deux choses l'une : ou les voisins de l'Europe l'attaqueront et lui feront la guerre, ou ils redouteront la confédération et la laisseront en paix.

Dans le premier cas, voilà les occasions de cultiver le génie et les talents militaires, d'aguerrir et former des troupes : les armées de la confédération seront à cet égard l'école de l'Europe; on ira sur la frontière apprendre la guerre, dans le sein de l'Europe on jouira de la paix; et l'on réunira par ce moyen les avantages de l'une et de l'autre. Croit-on qu'il soit toujours nécessaire de se battre chez soi pour devenir guerrier? et les Français sont-ils moins braves, parce que les provinces de Touraine et d'Anjou ne sont pas en guerre l'une contre l'autre?

Dans le second cas, on ne pourra plus s'aguerrir, il est vrai, mais on n'en aura plus besoin; car à quoi bon s'exercer à la guerre pour ne la faire à personne? Lequel vaut mieux, de cultiver un art funeste, ou de le rendre inutile? S'il y avait un secret pour jouir d'une santé inaltérable, y aurait-il du bon sens à le rejeter, pour ne pas ôter aux médecins l'occasion d'acquérir de l'expérience? Il reste à voir, dans ce parallèle, lequel des deux arts est plus salutaire en soi, et mérite mieux d'être conservé.

Qu'on ne nous menace pas d'une invasion subite; on sait bien que l'Europe n'en a point à craindre, et que ce premier venu ne viendra jamais. Ce n'est plus le temps de ces irruptions de barbares qui semblaient tomber des nues. Depuis que nous parcourons d'un œil curieux toute la surface de la terre, il ne peut plus rien venir jusqu'à nous, qui ne soit prévu de très-loin. Il n'y a nulle puissance au monde qui soit maintenant en état de menacer l'Europe entière; et si jamais il en vient une, ou l'on aura le temps de se préparer, ou l'on sera du moins plus en état de lui résister, étant unis en un corps, que quand il faudra terminer tout d'un coup de longs différends, et se réunir à la hâte.

Nous venons de voir que tous les prétendus inconvénients de l'état de confédération bien pesés, se réduisent à rien. Nous demandons maintenant si quelqu'un dans le monde en oserait dire autant de ceux qui résultent de la manière actuelle de vider les différends entre prince et prince par le droit du plus fort, c'est-à-dire, de l'état d'impolice et de guerre qu'engendre nécessairement l'indépendance absolue et mutuelle de tous les souverains, dans la société imparfaite qui règne entre eux dans l'Europe. Pour qu'on soit mieux en état de peser ces inconvénients, j'en vais résumer en peu de mots le sommaire que je laisse examiner au lecteur.

1. Nul droit assuré que celui du plus fort. 2. Changements continuels et inévitables de relations entre les peuples, qui empêchent aucun d'eux de pouvoir fixer en ses mains la force dont il jouit. Point de sûreté parfaite, aussi long-temps que les voisins ne sont pas soumis ou anéantis. 4. Impossibilité géné-

rale de les anéantir, attendu qu'en subjuguant les premiers on en trouve d'autres. 5. Précautions et frais immenses pour se tenir sur ses gardes. 6. Défaut de force et de défenses dans les minorités et dans les révoltes ; car, quand l'état se partage, qui peut soutenir un des partis contre l'autre ? 7. Défaut de sûreté dans les engagements mutuels. 8. Jamais de justice à espérer d'autrui, sans des frais et des pertes immenses qui ne l'obtiennent pas toujours, et dont l'objet disputé ne dédommage que rarement. 9. Risque inévitable de ses états, et quelquefois de sa vie, dans la poursuite de ses droits. 10. Nécessité de prendre part, malgré soi, aux querelles de ses voisins, et d'avoir la guerre quand on la voudrait le moins. 11. Interruption du commerce et des ressources publiques, au moment qu'elles sont le plus nécessaires. 12. Danger continuel de la part d'un voisin puissant, si l'on est faible ; et d'une ligue, si l'on est fort. 13. Enfin inutilité de la sagesse où préside la fortune, désolation continuelle des peuples, affaiblissement de l'état dans les succès et dans les revers, impossibilité totale d'établir jamais un bon gouvernement, de compter sur son propre bien, et de rendre heureux ni soi ni les autres.

Récapitulons de même les avantages de l'arbitrage européen pour les princes confédérés.

1. Sûreté entière que leurs différends présents et futurs seront toujours terminés sans aucune guerre ; sûreté incomparablement plus utile pour eux, que ne serait pour les particuliers celle de n'avoir jamais de procès.

2. Sujets de contestations ôtés, ou réduits à très-peu de chose, par l'anéantissement de toutes prétentions antérieures, qui compensera les renonciations et affermira les possessions.

3. Sûreté entière et perpétuelle, et de la personne du prince, et de sa famille, et de ses états, et de l'ordre de succession fixé par les lois de chaque pays, tant contre l'ambition des prétendants injustes et ambitieux, que contre les révoltes des sujets rebelles.

4. Sûreté parfaite de l'exécution de tous les engagements réciproques entre prince et prince, par la garantie de la république européenne.

5. Liberté et sûreté parfaite et perpétuelle à l'égard du commerce, tant d'état à état, que de chaque état dans les régions éloignées.

6 Suppression totale et perpétuelle de leur dépense militaire extraordinaire par terre et par mer en temps de guerre, et considérable diminution de leur dépense ordinaire en temps de paix.

7. Progrès sensible de l'agriculture et de la population, des richesses de l'état et des revenus du prince.

8. Facilité de tous les établissements qui peuvent augmenter la gloire et l'autorité du souverain, les ressources publiques et le bonheur des peuples.

Je laisse, comme je l'ai déja dit, au jugement des lecteurs l'examen de tous les articles, et la comparaison de l'état de paix qui résulte de la confédération, avec l'état de guerre qui résulte de l'impolice européenne.

Si nous avons bien raisonné dans l'exposition de ce projet, il est démontré ; premièrement, que l'établissement de la paix perpétuelle dépend uniquement du consentement des souverains, et n'offre point à lever d'autre difficulté que leur résistance ; secondement, que cet établissement leur serait utile de toute manière, et qu'il n'y a nulle comparaison à faire, même pour eux, entre les inconvénients et les avantages ; en troisième lieu, qu'il est raisonnable de supposer que leur volonté s'accorde avec leur intérêt ; enfin, que cet établissement une fois formé sur le plan proposé, serait solide et durable, et remplirait parfaitement son objet. Sans doute, ce n'est pas à dire que les souverains adopteront ce projet ; (qui peut répondre de la raison d'autrui ?) mais seulement qu'ils l'adopteraient, s'ils consultaient leurs vrais intérêts : car on doit bien remarquer que nous n'avons point supposé les hommes tels qu'ils devraient être, bons, généreux, désintéressés, et aimant le bien public par humanité ; mais tels qu'ils sont, injustes, avides et préférant leur intérêt à tout. La seule chose qu'on leur suppose, c'est assez de raison pour voir ce qui leur est utile et assez de courage pour faire leur propre bonheur. Si, malgré tout cela, ce projet demeure sans exécution, ce n'est donc pas qu'il soit chimérique ; c'est que les hommes sont insensés, et que c'est une sorte de folie d'être sage au milieu des fous.

JUGEMENT

SUR LA

PAIX PERPÉTUELLE.

Le projet de la paix perpétuelle étant par son objet le plus digne d'occuper un homme de bien, fut aussi de tous ceux de l'abbé de Saint-Pierre celui qu'il médita le plus longtemps, et qu'il suivit avec le plus d'opiniâtreté : car on a peine à nommer autrement ce zèle de missionaire qui ne l'abandonna jamais sur ce point, malgré l'évidente impossibilité du succès, le ridicule qu'il se donnait de jour en jour, et les dégoûts qu'il eut sans cesse à essuyer. Il semble que cette ame saine, uniquement attentive au bien public, mesurait les soins qu'elle donnait aux choses uniquement sur le degré de leur utilité, sans jamais se laisser rebuter par les obstacles ni songer à l'intérêt personnel.

Si jamais vérité morale fut démontrée, il me semble que c'est l'utilité générale et particulière de ce projet. Les avantages qui résulteraient de son exécution, et pour chaque prince et pour chaque peuple et pour toute l'Europe, sont immenses, clairs, incontestables; on ne peut rien de plus solide et de plus exact que les raisonnements par lesquels l'auteur les établit : réalisez sa république européenne durant un seul jour, c'en est assez pour la faire durer éternellement, tant chacun trouverait par l'expérience son profit particulier dans le bien commun. Cependant ces mêmes princes qui la défendraient de toutes leurs forces si elle existait, s'opposeraient maintenant de même à son exécution, et l'empêcheront infailliblement de s'établir comme ils l'empêcheraient de s'éteindre. Ainsi l'ouvrage de l'abbé de Saint-Pierre sur la paix perpétuelle paraît d'abord inutile pour la produire, et superflu pour la conserver. C'est donc une vaine spéculation, dira quelque lecteur impatient ? Non, c'est un livre solide et sensé, et il est très-important qu'il existe.

Commençons par examiner les difficultés de ceux qui ne jugent pas des raisons par la raison, mais seulement par l'événement, et qui n'ont rien à objecter contre ce projet, sinon qu'il n'a pas été exécuté. En effet, diront-ils sans doute, si ces avantages sont si réels, pourquoi donc les souverains de l'Europe ne l'ont-ils pas adopté ? pourquoi négligent-ils leur propre intérêt, si cet intérêt leur est si bien démontré ? Voit-on qu'ils rejettent d'ailleurs les moyens d'augmenter leurs revenus et leur puissance ? Si celui-ci était aussi bon pour cela qu'on le prétend, est-il croyable qu'ils en fussent moins empressés que de tous ceux qui les égarent depuis si longtemps, et qu'ils préférassent mille ressources trompeuses à un profit évident ?

Sans doute, cela est croyable ; à moins qu'on ne suppose que leur sagesse est égale à leur ambition, et qu'ils voient d'autant mieux leurs avantages qu'ils les desirent plus fortement ; au lieu que c'est la grande punition des excès de l'amour-propre de recourir toujours à des moyens qui l'abusent, et que l'ardeur même des passions est presque toujours ce qui les détourne de leur but. Distinguons donc en politique, ainsi qu'en morale, l'intérêt réel de l'intérêt apparent. Le premier se trouverait dans la paix perpétuelle, cela est démontré dans le projet : le second se trouve dans l'état d'indépendance absolue qui soustrait les souverains à l'empire de la loi, pour les soumettre à celui de la fortune : semblables à un pilote insensé qui, pour faire montre d'un vain savoir et commander à ses matelots, aimerait mieux flotter entre des rochers durant la tempête, que d'assujétir son vaisseau par des ancres.

Toute l'occupation des rois, ou de ceux qu'ils chargent de leurs fonctions, se rapporte à deux seuls objets : étendre leur domination au dehors, et la rendre plus absolue au dedans ; toute autre vue, ou se rapporte à l'une de ces deux, ou ne leur sert que de prétexte. Telles sont celles du *bien public*, du *bonheur des sujets*, de la *gloire de la nation*, mots à jamais proscrits du cabinet, et si lourdement employés dans les édits publics, qu'ils n'annoncent jamais que des ordres funestes, et que le peuple gémit d'avance quand ses maîtres lui parlent de leurs soins paternels.

Qu'on juge sur ces deux maximes fondamentales, comment les princes peuvent recevoir une proposition qui choque

2.   16

directement l'une, et qui n'est guères plus favorable à l'autre : car on sent bien que par la diète européenne le gouvernement de chaque état n'est pas moins fixé que par ses limites ; qu'on ne peut garantir les princes de la révolte des sujets, sans garantir en même temps les sujets de la tyrannie des princes, et qu'autrement l'institution ne saurait subsister. Or, je demande s'il y a dans le monde un seul souverain qui, borné ainsi pour jamais dans ses projets les plus chéris, supportât sans indignation la seule idée de se voir forcé d'être juste, non-seulement avec les étrangers, mais même avec ses propres sujets ?

Il est facile encore de comprendre que d'un côté la guerre et les conquêtes, et de l'autre les progrès du despotisme, s'entre-aident mutuellement ; qu'on prend à discrétion dans un peuple d'esclaves, de l'argent et des hommes pour en subjuguer d'autres ; que

réciproquement la guerre fournit un
prétexte aux exactions pécuniaires, et
un autre non moins spécieux d'avoir toujours de grandes armées pour tenir le
peuple en respect. Enfin, chacun voit
assez que les princes conquérants font
pour le moins autant la guerre à leurs
sujets qu'à leurs ennemis, et que la
condition des vainqueurs n'est pas meilleure que celle des vaincus. *J'ai battu
les Romains*, écrivait Annibal aux Car-
thaginois, *envoyez-moi des troupes ;
j'ai mis l'Italie à contribution, envoyez-
moi de l'argent.* Voilà ce que signifient
les Te Deum, les feux de joie et l'a-
légresse du peuple aux triomphes de
ses maîtres.

Quant aux différends entre prince et
prince, peut-on espérer de soumettre à
un tribunal supérieur, des hommes qui
s'osent vanter de ne tenir leur pouvoir
que de leur épée, et qui ne font men-
tion de Dieu même que parce qu'il est

au ciel ? Les souverains se soumettront-ils dans leurs querelles à des voies juridiques, que toute la rigueur des lois n'a jamais pu forcer les particuliers d'admettre dans les leurs ? Un simple gentilhomme offensé dédaigne de porter ses plaintes au tribunal des maréchaux de France, et vous voulez qu'un roi porte les siennes à la diète européenne ? Encore y a-t-il cette différence, que l'un pêche contre les lois et expose doublement sa vie, au lieu que l'autre n'expose guères que ses sujets ; qu'il use, en prenant les armes, d'un droit avoué de tout le genre humain, et dont il prétend n'être comptable qu'à Dieu seul.

Un prince qui met sa cause au hasard de la guerre, n'ignore pas qu'il court des risques ; mais il en est moins frappé que des avantages qu'il se promet, parce qu'il craint bien moins la fortune, qu'il n'espère de sa propre sagesse. S'il est puissant, il compte sur ses forces ; s'il est faible, il compte sur ses alliances : quelquefois il lui est utile au dedans de purger de mauvaises humeurs, d'affaiblir des sujets indociles, d'essuyer même des revers ; et le politique habile sait tirer avantage de ses propres défaites. J'espère qu'on se souviendra que ce n'est pas moi qui raisonne ainsi, mais le sophiste de cour qui préfère un grand territoire et peu de sujets pauvres et soumis, à l'empire inébranlable que donnent au prince la justice et les lois, sur un peuple heureux et florissant.

C'est encore par le même principe qu'il réfute en lui-même l'argument tiré de la suspension du commerce, de la dépopulation, du dérangement des finances, et des pertes réelles que cause une vaine conquête. C'est un calcul très-fautif que d'évaluer toujours en argent les gains ou les pertes des souverains : le degré de puissance qu'ils ont en vue ne se compte point par les millions qu'on

possède. Le prince fait toujours circuler
ses projets ; il veut commander pour
s'enrichir, et s'enrichir pour commander ; il sacrifiera tour-à-tour l'un et
l'autre pour acquérir celui des deux qui
lui manque : mais ce n'est qu'afin de
parvenir à les posséder enfin tous les deux
ensemble qu'il les poursuit séparément ;
car, pour être le maître des hommes
et des choses, il faut qu'il ait à la fois
l'empire et l'argent.

Ajoutons enfin, sur les grands avantages qui doivent résulter pour le commerce, d'une paix générale et perpétuelle, qu'ils sont bien en eux-mêmes
certains et incontestables, mais qu'étant
communs à tous ils ne seront réels pour
personne, attendu que de tels avantages ne se sentent que par leurs différences, et que pour augmenter sa puissance relative on ne doit chercher que
des biens exclusifs.

Sans cesse abusés par l'apparence des

choses, les princes rejetteraient donc
cette paix, quand ils pèseraient leurs
intéréts eux-mêmes; que sera-ce quand
ils les feront peser par leurs ministres
dont les intéréts sont toujours opposés
à ceux du peuple, et presque toujours
à ceux du prince? Les ministres ont besoin de la guerre pour se rendre nécessaires, pour jeter le prince dans des embarras dont il ne se puisse tirer sans eux,
et pour perdre l'état, s'il le faut, plutôt
que leur place; ils en ont besoin pour
vexer le peuple, sous prétexte des né-
cessités publiques; ils en ont besoin
pour placer leurs créatures, gagner sur
les marchés, et faire en secret mille
odieux monopoles; ils en ont besoin
pour satisfaire leurs passions et s'expul-
ser mutuellement; ils en ont besoin
pour s'emparer du prince, en le tirant
de la cour quand il s'y forme contre eux
des intrigues dangereuses: ils perdraient
toutes ces ressources par la paix perpé-

tuelle. Et le public ne laisse pas de demander pourquoi, si ce projet est possible, ils ne l'ont pas adopté ? Il ne voit pas qu'il n'y a rien d'impossible dans ce projet, sinon qu'il soit adopté par eux. Que feront-ils donc pour s'y opposer ? Ce qu'ils ont toujours fait : ils le tourneront en ridicule.

Il ne faut pas non plus croire, avec l'abbé de Saint-Pierre, que même avec la bonne volonté que les princes ni leurs ministres n'auront jamais, il fût aisé de trouver un moment favorable à l'exécution de ce système. Car il faudrait pour cela que la somme des intérêts particuliers ne l'emportât pas sur l'intérêt commun, et que chacun crût voir dans le bien de tous, le plus grand bien qu'il peut espérer pour lui-même. Or, ceci demande un concours de sagesse dans tant de têtes, et un concours de rapports dans tant d'intérêts, qu'on ne doit guères espérer du hasard l'accord fortuit de toutes les circonstances nécessaires : cependant, si cet accord n'a pas lieu, il n'y a que la force qui puisse y suppléer ; et alors il n'est plus question de persuader, mais de contraindre, et il ne faut plus écrire des livres, mais lever des troupes.

Ainsi, quoique le projet fût très-sage, les moyens de l'exécuter se sentaient de la simplicité de l'auteur. Il s'imaginait bonnement qu'il ne fallait qu'assembler un congrès, y proposer ses articles ; qu'on les allait signer, et que tout serait fait. Convenons que dans tous les projets de cet honnête homme, il voyait assez bien l'effet des choses quand elles seraient établies, mais il jugeait comme un enfant des moyens de les établir.

Je ne voudrais, pour prouver que le projet de la république chrétienne n'est pas chimérique, que nommer son premier auteur : car assurément Henri IV n'était pas fou ni Sully visionnaire.

L'abbé de Saint-Pierre s'autorisait de ces grands noms pour renouveler leur système. Mais quelle différence dans le temps, dans les circonstances, dans la proposition, dans la manière de la faire et dans son auteur ! Pour en juger, jetons un coup-d'œil sur la situation générale des choses au moment choisi par Henri IV pour l'exécution de son projet.

La grandeur de Charles-Quint, qui régnait sur une partie du monde et faisait trembler l'autre, l'avait fait aspirer à la monarchie universelle, avec de grands moyens de succès et de grands talents pour les employer. Son fils plus riche et moins puissant, suivant sans relâche un projet qu'il n'était pas capable d'exécuter, ne laissa pas de donner à l'Europe des inquiétudes continuelles ; et la maison d'Autriche avait pris un tel ascendant sur les autres puissances, que nul prince ne régnait en sûreté s'il n'était bien avec elle. Philippe III,

moins habile encore que son père, hérita
de toutes ses prétentions. L'effroi de la
puissance espagnole tenait encore l'Europe en respect, et l'Espagne continuait
à dominer plutôt par l'habitude de commander que par le pouvoir de se faire
obéir. En effet, la révolte des Pays-Bas,
les armements contre l'Angleterre, les
guerres civiles de France avaient épuisé
les forces d'Espagne et les trésors des
Indes; la maison d'Autriche, partagée
en deux branches, n'agissait plus avec
le même concert; et quoique l'empereur
s'efforçât de maintenir ou recouvrer en
Allemagne l'autorité de Charles-Quint,
il ne faisait qu'aliéner les princes, et fomenter des ligues qui ne tardèrent pas
d'éclore et faillirent à le détrôner. Ainsi
se préparait de loin la décadence de la
maison d'Autriche et le rétablissement
de la liberté commmne. Cependant nul
n'osait le premier hasarder de secouer
le joug, et s'exposer seul à la guerre;

l'exemple d'Henri IV même qui s'en était
tiré si mal, ôtait le courage à tous les
autres. D'ailleurs, si l'on excepte le duc
de Savoie, trop faible et trop subjugué
pour rien entreprendre, il n'y avait pas
parmi tant de souverains un seul homme
de tête en état de former et soutenir une
entreprise ; chacun attendait du temps
et des circonstances le moment de briser
ses fers. Voilà quel était en gros l'état
des choses quand Henri forma le plan de
la république chrétienne, et se prépara
à l'exécuter. Projet bien grand, bien
admirable en lui-même, et dont je ne
veux pas ternir l'honneur, mais qui,
ayant pour raison secrète l'espoir d'a-
baisser un ennemi redoutable, recevait
de ce pressant motif une activité qu'il
eût difficilement tirée de la seule utilité
commune.

Voyons maintenant quels moyens ce
grand homme avait employés à préparer une si haute entreprise. Je compte-

rais volontiers pour le premier d'en avoir
bien vu toutes les difficultés, de telle
sorte qu'ayant formé ce projet dès son
enfance, il le médita toute sa vie, et
réserva l'exécution pour sa vieillesse :
conduite qui prouve premièrement, ce
desir ardent et soutenu qui seul, dans
les choses difficiles, peut vaincre les
grands obstacles ; et de plus, cette sagesse patiente et réfléchie qui s'applanit
les routes de longue main, à force de
prévoyance et de préparation. Car il y
a bien de la différence entre les entreprises nécessaires dans lesquelles la prudence même veut qu'on donne quelque
chose au hasard, et celles que le succès seul peut justifier, parce qu'ayant
pu se passer de les faire, on n'a dû les
tenter qu'à coup sûr. Le profond secret
qu'il garda toute sa vie jusqu'au moment
de l'exécution, était encore aussi essentiel que difficile dans une si grande affaire, où le concours de tant de gens

était nécessaire, et que tant de gens avaient intérêt de traverser. Il paraît que, quoiqu'il eût mis la plus grande partie de l'Europe dans son parti, et qu'il fût ligué avec les plus puissants potentats, il n'eut jamais qu'un seul confident qui connût toute l'étendue de son plan ; et, par un bonheur que le ciel n'accorda qu'au meilleur des rois, ce confident fut un ministre intègre. Mais, sans que rien transpirât de ces grands desseins, tout marchait en silence vers leur exécution. Deux fois Sully était allé à Londres ; la partie était liée avec le roi Jacques, et le roi de Suède était engagé de son côté : la ligue était conclue avec les protestants d'Allemagne ; on était même sûr des princes d'Italie ; et tous concouraient au grand but sans pouvoir dire quel il était, comme les ouvriers qui travaillent séparément aux pièces d'une nouvelle machine dont ils ignorent la forme et l'usage. Qu'est-ce

donc qui favorisait ce mouvement général ? Était-ce la paix perpétuelle que
nul ne prévoyait, et dont peu se seraient
souciés ? était-ce l'intérêt public qui
n'est jamais celui de personne ? L'abbé
de Saint-Pierre eût pu l'espérer. Mais
réellement chacun ne travaillait que
dans la vue de son intérêt particulier
qu'Henri avait eu le secret de leur montrer à tous sous une face très-attrayante.
Le roi d'Angleterre avait à se délivrer
des continuelles conspirations des ca-
tholiques de son royaume, toutes fomen-
tées par l'Espagne : il trouvait de plus
un grand avantage à l'affranchissement
des Provinces-Unies qui lui coûtaient
beaucoup à soutenir, et le mettaient
chaque jour à la veille d'une guerre qu'il
redoutait, ou à laquelle il aimait mieux
contribuer une fois avec tous les autres,
afin de s'en délivrer pour toujours. Le roi
de Suède voulait s'assurer de la Poméra-
nie et mettre un pied dans l'Allemagne.

L'électeur palatin, alors protestant et chef de la confession d'Ausbourg, avait des vues sur la Bohême, et entrait dans toutes celles du roi d'Angleterre. Les princes d'Allemagne avaient à réprimer les usurpations de la maison d'Autriche. Le duc de Savoie obtenait Milan et la couronne de Lombardie qu'il desirait avec ardeur. Le pape même, fatigué de la tyrannie espagnole, était de la partie, au moyen du royaume de Naples qu'on lui avait promis. Les Hollandais, mieux payés que tous les autres, gagnaient l'assurance de leur liberté. Enfin, outre l'intérêt commun d'abaisser une puissance orgueilleuse qui voulait dominer partout, chacun en avait un particulier, très-vif, très-sensible, et qui n'était point balancé par la crainte de substituer un tyran à l'autre, puisqu'il était convenu que les conquêtes seraient partagées entre tous les alliés, excepté la France et l'Angleterre

qui ne pouvaient rien garder pour elles.
C'en était assez pour calmer les plus in-
quiets sur l'ambition d'Henri IV : mais
ce sage prince n'ignorait pas qu'en ne
se réservant rien par ce traité, il y ga-
gnait pourtant plus qu'aucun autre ; car,
sans rien ajouter à son patrimoine, il
lui suffisait de diviser celui du seul plus
puissant que lui, pour devenir le plus
puissant lui-même ; et l'on voit très-clai-
rement qu'en prenant toutes les précautions qui pouvaient assurer le succès de
l'entreprise, il ne négligeait pas celles
qui devaient lui donner la primauté dans
le corps qu'il voulait instituer.

De plus, ses apprêts ne se bornaient
point à former au dehors des ligues re-
doutables, ni à contracter alliance avec
ses voisins et ceux de son ennemi. En
intéressant tant de peuples à l'abaisse-
ment du premier potentat de l'Europe,
il n'oubliait pas de se mettre en état
par lui-même de le devenir à son tour.

Il employa quinze ans de paix à faire des préparatifs dignes de l'entreprise qu'il méditait. Il remplit d'argent ses coffres, ses arsenaux d'artillerie, d'armes, de munitions ; il ménagea de loin des ressources pour les besoins imprévus : mais il fit plus que tout cela sans doute, en gouvernant sagement ses peuples, en déracinant insensiblement toutes les semences de division, et en mettant un si bon ordre à ses finances qu'elles pussent fournir à tout sans fouler ses sujets ; de sorte que, tranquille au dedans et redoutable au dehors, il se vit en état d'armer et d'entretenir soixante mille hommes et vingt vaisseaux de guerre, de quitter son royaume sans y laisser la moindre source de désordre, et de faire la guerre durant six ans sans toucher à ses revenus ordinaires ni mettre un sou de nouvelles impositions.

A tant de préparatifs, ajoutez pour la conduite de l'entreprise le même zèle

et la même prudence qui l'avaient formée, tant de la part de son ministre
que de la sienne; enfin à la tête des
expéditions militaires un capitaine tel
que lui, tandis que son adversaire n'en
avait plus à lui opposer; et vous juge-
rez si rien de ce qui peut annoncer un
heureux succès manquait à l'espoir du
sien. Sans avoir pénétré ses vues, l'Europe attentive à ses immenses préparatifs, en attendait l'effet avec une sorte
de frayeur. Un léger prétexte allait
commencer cette grande révolution,
une guerre qui devait être la dernière
préparait une paix immortelle, quand
un événement, dont l'horrible mystère
doit augmenter l'effroi, vint bannir à
jamais le dernier espoir du monde. Le
même coup qui trancha les jours de ce
bon roi, replongea l'Europe dans d'é-
ternelles guerres, qu'elle ne doit plus
espérer de voir finir. Quoi qu'il en soit,
voilà les moyens qu'Henri IV avait ras-

semblés pour former le même établissement que l'abbé de Saint-Pierre prétendait faire avec un livre.

Qu'on ne dise donc point que si son
système n'a pas été adopté, c'est qu'il
n'était pas bon ; qu'on dise au contraire
qu'il était trop bon pour être adopté :
car le mal et les abus dont tant de gens
profitent s'introduisent d'eux-mêmes,
mais ce qui est utile au public ne s'in-
troduit guères que par la force, attendu que les intérêts particuliers y sont
presque toujours opposés. Sans doute
la paix perpétuelle est à présent un
projet bien absurde ; mais qu'on nous
rende un Henri IV et un Sully, la paix
perpétuelle redeviendra un projet raisonnable : ou plutôt, admirons un si beau
plan, mais consolons-nous de ne pas le
voir exécuter ; car cela ne peut se faire
que par des moyens violents et redou-
tables à l'humanité. On ne voit point
de ligues fédératives s'établir autrement

que par des révolutions ; et sur ce principe, qui de nous oserait dire si cette
ligue européenne est à desirer ou à craindre ? Elle ferait peut-être plus de mal
tout d'un coup, qu'elle n'en prévien-
drait pour des siècles.

POLYSYNODIE

DE L'ABBÉ

DE SAINT-PIERRE.

CHAPITRE PREMIER.

Nécessité, dans la Monarchie, d'une forme de gouvernement subordonnée au Prince.

S1 les princes regardaient les fonctions du gouvernement comme des devoirs indispensables, les plus capables s'en trouveraient les plus surchargés ; leurs travaux comparés à leurs forces leur paraîtraient toujours excessifs ; on les verrait aussi ardents à resserrer leurs états ou leurs droits, qu'ils sont avides d'éten-

dre les uns et les autres ; et le poids de
la couronne écraserait bientôt la plus
forte tête qui voudrait sérieusement la
porter. Mais, loin d'envisager leur pouvoir par ce qu'il a de pénible et d'obli-
gatoire, ils n'y voient que le plaisir de
commander ; et comme le peuple n'est
à leurs yeux que l'instrument de leurs
fantaisies, plus ils ont de fantaisies à
contenter, plus le besoin d'usurper augmente ; et plus ils sont bornés et petits
d'entendement, plus ils veulent être
grands et puissants en autorité.

Cependant le plus absolu despotisme
exige encore un travail pour se soutenir : quelques maximes qu'il établisse
à son avantage, il faut toujours qu'il les
couvre d'un leurre d'utilité publique ;
qu'employant la force des peuples contre eux-mêmes, il les empêche de la
réunir contre lui ; qu'il étouffe continuellement la voix de la nature, et le
cri de la liberté toujours prêt à sortir

de l'extrême oppression.. Enfin, quand le peuple ne serait qu'un vil troupeau sans raison, encore faudrait-il des soins pour le conduire ; et le prince qui ne songe point à rendre heureux ses sujets, n'oublie pas au moins, s'il n'est insensé, de conserver son patrimoine.

Qu'a-t-il donc à faire pour concilier l'indolence avec l'ambition, la puissance avec les plaisirs, et l'empire des dieux avec la vie animale ? Choisir pour soi les vains honneurs, l'oisiveté, et remettre à d'autres les fonctions pénibles du gouvernement, en se réservant tout au plus de chasser ou changer ceux qui s'en acquittent trop mal ou trop bien. Par cette méthode, le dernier des hommes tiendra paisiblement et commodément le sceptre de l'univers; plongé dans d'insipides voluptés, il promènera, s'il veut, de fête en fête son ignorance et son ennui. Cependant on le traitera de conquérant , d'invincible, de roi des rois, d'empereur auguste, de monarque du monde et de majesté sacrée. Oublié sur le trône, nul aux yeux de ses voisins, et même à ceux de ses sujets, encensé de tous sans être obéi de personne, faible instrument de la tyrannie des courtisans et de l'esclavage du peuple, on lui dira qu'il règne, et il croira régner. Voilà le tableau général du gouvernement de toute monarchie trop étendue. Qui veut soutenir le monde et n'a pas les épaules d'Hercule, doit s'attendre d'être écrasé.

Le souverain d'un grand empire n'est guères au fond que le ministre de ses ministres, ou le représentant de ceux qui gouvernent sous lui. Ils sont obéis en son nom; et quand il croit leur faire exécuter sa volonté, c'est lui qui, sans le savoir, exécute la leur. Cela ne saurait être autrement; car, comme il ne peut voir que par leurs yeux, il faut nécessairement qu'il les laisse agir par ses mains. Forcé d'abandonner à d'au-

tres ce qu'on appelle le détail [1], et que
que j'appellerais, moi, l'essentiel du
gouvernement, il se réserve les grandes
affaires, le verbiage des ambassadeurs,
les tracasseries de ses favoris, et tout au
plus le choix de ses maîtres ; car il en
faut avoir malgré soi, sitôt qu'on a tant
d'esclaves. Que lui importe, au reste,
une bonne ou une mauvaise administration ? Comment son bonheur serait-il

[1] Ce qui importe aux citoyens, c'est d'être gouvernés justement et paisiblement. Au surplus,
que l'état soit grand, puissant et florissant, c'est
l'affaire particulière du prince, et les sujets n'y
ont aucun intérêt. Le monarque doit donc premièrement s'occuper du détail, en quoi consiste
la liberté civile, la sûreté du peuple, et même
la sienne à bien des égards. Après cela, s'il lui
reste du temps à perdre, il peut le donner à toutes ces grandes affaires qui n'intéressent personne,
qui ne naissent jamais que des vices du gouvernement, qui par conséquent ne sont rien pour un
peuple heureux, et sont peu de chose pour un roi
sage.

troublé par la misère du peuple qu'il ne peut voir, par ses plaintes qu'il ne peut entendre, et par les désordres publics dont il ne saura jamais rien ? Il en est de la gloire des princes comme des trésors de cet insensé, propriétaire en idée de tous les vaisseaux qui arrivaient au port : l'opinion de jouir de tout l'empêchait de rien desirer, et il n'était pas moins heureux des richesses qu'il n'avait point, que s'il les eût possédées.

Que ferait de mieux le plus juste prince avec les meilleures intentions, sitôt qu'il entreprend un travail que la nature à mis au dessus de ses forces ? Il est homme et se charge des fonctions d'un dieu, comment peut-il espérer de les remplir ? Le sage, s'il en peut être sur le trône, renonce à l'empire ou le partage ; il consulte ses forces, il mesure sur elles les fonctions qu'il veut remplir, et pour être un roi vraiment grand, il ne se charge point d'un grand royaume. Mais ce que ferait le sage a peu de rapport à ce que feront les princes. Ce qu'ils feront toujours, cherchons au moins comment ils peuvent le faire le moins mal qu'il soit possible.

Avant que d'entrer en matière, il est bon d'observer que si par miracle quelque grande ame peut suffire à la pénible charge de la royauté, l'ordre héréditaire établi dans les successions, et l'extravagante éducation des héritiers du trone, fourniront toujours cent imbécilles pour un vrai roi; qu'il y aura des minorités, des maladies, des temps de délire et de passion, qui ne laisseront souvent à la tête de l'état qu'un simulacre de prince. Il faut cependant que les affaires se fassent. Chez tous les peuples qui ont un roi, il est donc absolument nécessaire d'établir une forme de gouvernement qui se puisse passer du roi; et dès qu'il est posé qu'un souverain peut rarement gouverner par lui-même, il ne s'agit plus que de savoir comment il peut gouverner par autrui. C'est à résoudre cette question qu'est destiné le discours sur la Polysynodie.

CHAPITRE II.

Trois formes spécifiques de Gouvernement subordonné.

UN monarque, dit l'abbé de Saint-Pierre, peut n'écouter qu'un seul homme dans toutes ses affaires, et lui confier toute son autorité, comme autrefois les rois de France la donnaient aux maires du palais, et comme les princes orientaux la confient encore aujourd'hui à celui qu'on nomme grand-visir en Turquie. Pour abréger, j'appellerai visirat cette sorte de ministère.

Ce monarque peut aussi partager son autorité entre deux ou plusieurs hommes qu'il écoute chacun séparément sur la sorte d'affaire qui leur est commise, à peu près comme faisait Louis XIV avec Colbert et Louvois. C'est cette forme que je nommerai dans la suite demi-visirat.

Enfin ce monarque peut faire discuter dans des assemblées les affaires du gouvernement, et former à cet effet autant de conseils qu'il y a de genres d'affaires à traiter. Cette forme de ministère, que l'abbé de Saint-Pierre appelle pluralité des conseils ou Polysynodie, est à peu près, selon lui, celle que le régent duc d'Orléans avait établie sous son administration; et ce qui lui donne un plus grand poids encore, c'était aussi celle qu'avait adoptée l'élève du vertueux Fénélon.

Pour choisir entre ces trois formes, et juger de celle qui mérite la préférence, il ne suffit pas de les considérer en gros et par la première face qu'elles présentent; il ne faut pas non plus opposer les abus de l'une à la perfectio de l'autre, ni s'arrêter seulement à certains moments passagers de désordre ou d'éclat, mais les supposer toutes aussi parfaites qu'elles peuvent l'être dans leur durée, et chercher en cet état leurs rapports et leurs différences. Voilà de quelle manière on peut en faire un parallèle exact.

CHAPITRE III.

Rapport de ces formes à celle du Gouvernement suprême.

LES maximes élémentaires de la politique peuvent déja trouver ici leur application. Car le visirat, le demi-visirat et la polysynodie se rapportent manifestement, dans l'économie du gouvernement subalterne, aux trois formes spécifiques du gouvernement suprême, et plusieurs des principes qui conviennent à l'administration souveraine peuvent aisément s'appliquer au ministère. Ainsi

le visirat doit avoir généralement plus
de vigueur et de célérité, le demi-visirat
plus d'exactitude et de soin, et la polysynodie plus de justice et de constance.
Il est sûr encore que comme la démocratie tend naturellement à l'aristocratie, et l'aristocratie à la monarchie ; de
même la polysynodie tend au demi-visirat, et le demi-visirat au visirat. Ce
progrès de la force publique vers le relâchement, qui oblige de renforcer le
ressorts, se retarde ou s'accélère à proportion que toutes les parties de l'état
sont bien ou mal constituées ; et comme
on ne parvient au despotisme et au visirat
que quand tous les autres ressorts son
usés, c'est, à mon avis, un projet mal
conçu de prétendre abandonner cett
forme pour en prendre une des précé-
dentes : car nulle autre ne peut plu
suffire à tout un peuple qui a pu supporter celle-là. Mais, sans vouloir quitter l'une pour l'autre, il est cependan

utile de connaître celle des trois qui vaut le mieux. Nous venons de voir que par une analogie assez naturelle, la polysynodie mérite déja la préférence : il reste à rechercher si l'examen des choses mêmes pourra la lui confirmer. Mais, avant que d'entrer dans cet examen, commençons par une idée plus précise de la forme que, selon notre auteur, doit avoir la polysynodie.

CHAPITRE IV.

Partage et Départemens des Conseils.

LE gouvernement d'un grand état tel que la France, renferme en soi huit objets principaux qui doivent former autant de départemens, et par conséquent avoir chacun leur conseil particulier. Ces huit parties sont : la justice, la police, les finances, le commerce, la marine, la guerre, les affaires étrangères et celles de la religion. Il doit y avoir encore un neuvième conseil, qui, formant la liaison de tous les autres, unisse toutes les parties du gouvernement, où les grandes affaires traitées et discutées en dernier ressort, n'attendent plus que de la volonté du prince leur entière décision, et qui pensant et travaillant au besoin pour lui, supplée à son défaut, lorsque les maladies, la minorité, la vieillesse ou l'aversion du travail empêchent le roi de faire ses fonctions. Ainsi ce conseil général doit toujours être sur pied, ou pour la nécessité présente, ou par précaution pour le besoin à venir.

CHAPITRE V.

Manière de les composer.

A L'ÉGARD de la manière de composer ces conseils, la plus avantageuse qu'on y puisse employer paraît être la méthode du scrutin ; car par toute autre voie il est évident que la synodie ne sera qu'apparente, que les conseils n'étant remplis que des créatures des favoris, il n'y aura point de liberté réelle dans les suffrages, et qu'on n'aura sous d'autres noms qu'un véritable visirat ou demi-visirat. Je ne m'étendrai point ici sur la méthode et les avantages du scrutin; comme il fait un des points capitaux du système de gouvernement de l'abbé de Saint-Pierre, j'en traite ailleurs plus au long. Je me contenterai de remarquer que, quelque forme de ministère qu'on admette, il n'y a point d'autre méthode par laquelle on puisse être assuré de donner toujours la préférence au plus vrai mérite; raison qui montre plutôt l'avantage que la facilité de faire adopter le scrutin dans les cours des rois.

Cette première précaution en suppose d'autres qui la rendent utile; car il le serait peu de choisir au scrutin entre des sujets qu'on ne connaîtrait pas, et

l'on ne saurait connaître la capacité de
ceux qu'on n'a point vu travailler dans
le genre auquel on les destine. Si donc
il faut des grades dans le militaire, depuis l'enseigne jusqu'au maréchal de
France, pour former les jeunes officiers,
et les rendre capables des fonctions
qu'ils doivent remplir un jour ; n'est-il
pas plus important encore d'établir des
grades semblables dans l'administration
civile, depuis les commis jusqu'aux présidents des conseils ? Faut-il moins de
temps et d'expérience pour apprendre
à conduire un peuple que pour commander une armée ? Les connaissances de
l'homme d'état sont-elles plus faciles à
acquérir que celles de l'homme de guerre, ou le bon ordre est-il moins nécessaire dans l'économie politique que dans
la discipline militaire ? Les grades scru-
puleusement observés ont été l'école de
tant de grands hommes qu'a produits
la république de Venise ! et pourquoi

ne commencerait-on pas d'aussi loin à Paris pour servir le prince, qu'à Venise pour servir l'état ?

Je n'ignore pas que l'intérêt des visirs s'oppose à cette nouvelle police : je sais bien qu'ils ne veulent point être assujétis à des formes qui gênent leur despotisme; qu'ils ne veulent employer que des créatures qui leur soient entièrement dévouées, et qu'ils puissent d'un mot replonger dans la poussière d'où ils les tirent. Un homme de naissance, de son côté, qui n'a pour cette foule de valets que le mépris qu'ils méritent, dédaigne d'entrer en concurrence avec eux dans la même carrière, et le gouvernement de l'état est toujours prêt à devenir la proie du rebut de ses citoyens. Aussi n'est-ce point sous le visirat, mais sous la seule polysynodie, qu'on peut espérer d'établir dans l'administration civile des grades honnêtes qui ne supposent pas la bassesse, mais le mérite, et

3.   19

qui puissent rapprocher la noblesse des affaires dont on affecte de l'éloigner, et qu'elle affecte de mépriser à son tour.

CHAPITRE VI.

Circulation des Départemens

DE l'établissement des grades s'ensuit la nécessité de faire circuler les départemens entre les membres de chaque conseil, et même d'un conseil à l'autre, afin que chaque membre, éclairé successivement sur toutes les parties du gouvernement, devienne un jour capable d'opiner dans le conseil général, et de participer à la grande administration.

Cette vue de faire circuler les départemens est due au régent qui l'établit dans le conseil des finances; et si l'autorité d'un homme qui connaissait si bien les ressorts du gouvernement ne suffit pas pour la faire adopter, on ne peut disconvenir au moins des avantages sensibles qui naîtraient de cette méthode. Sans doute il peut y avoir des cas où cette circulation paraîtrait peu utile ou difficile à établir dans la polysynodie; mais elle n'y est jamais impossible, et jamais praticable dans le visirat ni dans le demi-visirat : or il est important, par beaucoup de très-fortes raisons, d'établir une forme d'administration où cette circulation puisse avoir lieu.

Premièrement, pour prévenir les malversations des commis qui, changeant de bureaux avec leurs maîtres, n'auront pas le temps de s'arranger pour leurs friponneries aussi commodément qu'ils le font aujourd'hui : ajoutez qu'étant, pour ainsi dire, à la discrétion de leurs successeurs, ils seront plus réservés, en changeant de département, à laisser les affaires de celui qu'ils quittent dans un état qui pourrait les perdre, si par hasard leur successeur se trouvait hon-

nête homme ou leur ennemi. En second
lieu, pour obliger les conseillers mêmes
à mieux veiller sur leur conduite ou sur
celle de leurs commis, de peur d'être
taxés de négligence, et de pis encore,
quand leur gestion changera d'objet sans
cesse, et chaque fois sera connue de leur
successeur. Troisièmement, pour exciter entre les membres d'un même corps
une émulation louable à qui passera son
prédécesseur dans le même travail. Qua-
trièmement, pour corriger par ces fréquents changements les abus que les
erreurs, les préjugés et les passions de
chaque sujet auront introduits dans son
administration : car, parmi tant de ca-
ractères différents qui régiront successivement la même partie, leurs fautes
se corrigeront mutuellement, et tout
ira plus constamment à l'objet commun.
Cinquièmement, pour donner à chaque
membre d'un conseil des connaissances
plus nettes et plus étendues des affaires

et de leurs divers rapports ; en sorte qu'ayant manié les autres parties, il voie distinctement ce que la sienne est au tout, qu'il ne se croie pas toujours le plus important personnage de l'état, et ne nuise pas au bien général pour mieux faire celui de son département. Sixièmement, pour que tous les avis soient mieux portés en connaissance de cause, que chacun entende toutes les matières sur lesquelles il doit opiner, et qu'une plus grande uniformité de lumières mette plus de concorde et de raison dans les délibérations communes. Septièmement, pour exercer l'esprit et les talents des ministres : car, portés à se reposer et s'appesantir sur un même travail, ils ne s'en font enfin qu'une routine qui resserre et circonscrit, pour ainsi dire, le génie par l'habitude. Or, l'attention est à l'esprit ce que l'exercice est au corps ; c'est elle qui lui donne de la vigueur, de l'adresse, et qui le rend pro-

pre à supporter le travail. Ainsi l'on peu
dire que chaque conseiller d'état, en re
venant après quelques années de circu
lation à l'exercice de son premier dé
partement, s'en trouvera réellement plu
capable que s'il n'en eût point du tou
changé. Je ne nie pas que s'il fût demeu
dans le même, il n'eût acquis plus d
facilité à expédier les affaires qui en dé
pendent ; mais je dis qu'elles eusser
été moins bien faites, parce qu'il eí
eu des vues plus bornées, et qu'il n'eí
pas acquis une connaissance aussi exact
des rapports qu'ont ces affaires avec cel
les des autres départements : de sort
qu'il ne perd d'un côté dans la circu
lation, que pour gagner d'un autre beau
coup davantage. Huitièmement enfin
pour ménager plus d'égalité dans le pou
voir, plus d'indépendance entre les con
seillers d'état, et par conséquent plus d
liberté dans les suffrages. Autrement
dans un conseil nombreux en apparence

on n'aurait réellement que deux ou trois opinants auxquels tous les autres seraient assujétis, à peu près comme ceux qu'on appelait autrefois à Rome *senatores pedarii*, qui pour l'ordinaire regardaient moins à l'avis qu'à l'auteur : inconvénient d'autant plus dangereux, que ce n'est jamais en faveur du meilleur parti qu'on a besoin de gêner les voix.

On pourrait pousser encore plus loin cette circulation des départements, en l'étendant jusqu'à la présidence même ; car, s'il était de l'avantage de la république romaine que les consuls redevinssent au bout de l'an simples sénateurs en attendant un nouveau consulat, pourquoi ne serait-il pas de l'avantage du royaume que les présidents redevinssent, après deux ou trois ans, simples conseillers, en attendant une nouvelle présidence ? Ne serait-ce pas, pour ainsi dire, proposer un prix tous les trois ans à ceux de la compagnie qui, durant cet intervalle, se distingueraient dans leur corps ? Ne serait-ce pas un nouveau ressort très-propre à entretenir dans une continuelle activité le mouvement de la machine publique ? et le vrai secret d'animer le travail commun n'est-il pas d'y proportionner toujours le salaire ?

CHAPITRE VII.

Autres avantages de cette circulation.

JE n'entrerai point dans le détail des avantages de la circulation portée à ce dernier degré. Chacun doit voir que les déplacements, devenus nécessaires par la décrépitude ou l'affaiblissement des présidents, se feront ainsi sans dureté et sans effort ; que les ex-présidents des conseils particuliers auront encore un objet d'élévation, qui sera de siéger dans le conseil général, et les membres de ce conseil celui d'y pouvoir présider à leur tour ; que cette alternative de subordination et d'autorité rendra l'une et l'autre en même temps plus parfaite et plus douce; que cette circulation de la présidence est le plus sûr moyen d'empêcher la polysynodie de pouvoir dégénérer en visirat; et qu'en général la circulation répartissant avec plus d'égalité les lumières et le pouvoir du ministère entre plusieurs membres, l'autorité royale domine plus aisément sur chacun d'eux. Tout cela doit sauter aux yeux d'un lecteur intelligent; et s'il fallait tout dire, il ne faudrait rien abréger.

CHAPITRE VIII.

Que la Polysynodie est l'administration en sous-ordre la plus naturelle.

JE m'arrête ici, par la même raison, sur la forme de la polysynodie, après avoir établi les principes généraux sur lesquels on la doit ordonner pour la rendre utile et durable. S'il s'y présente

d'abord quelque embarras, c'est qu'i
est toujours difficile de maintenir long
temps ensemble deux gouvernement
aussi différents dans leurs maximes qu
le monarchique et le républicain, quoi
qu'au fond cette union produisît peut
être un tout parfait, et le chef-d'œuvr
de la politique. Il faut donc bien dis
tinguer la forme apparente qui règn
partout, de la forme réelle dont il es
ici question : car on peut dire en un sen
que la polysynodie est la première et l
plus naturelle de toutes les administrations en sous-ordre, même dans la mo
narchie.

En effet, comme les premières loi
nationales furent faites par la natior
assemblée en corps, de même les premières délibérations du prince furen
faites avec les principaux de la natior
assemblés en conseil. Le prince a de
conseillers avant que d'avoir des visirs
il trouve les uns et fait les autres. L'or

dre le plus élevé de l'état en forme naturellement le synode ou conseil général. Quand le monarque est élu, il n'a qu'à présider, et tout est fait : mais, quand il faut choisir un ministre ou des favoris, on commence à introduire une forme arbitraire, où la brigue et l'inclination naturelle ont bien plus de part que la raison ni la voix du peuple. Il n'est pas moins simple que dans autant d'affaires de différentes natures qu'en offre le gouvernement, le parlement national se divise en divers comités, toujours sous la présidence du roi qui leur assigne à chacun les matières sur lesquelles ils doivent délibérer ; et voilà les conseils particuliers nés du conseil général dont ils sont les membres naturels, et la synodie changée en polysynodie : forme que je ne dis pas être, en cet état, la meilleure, mais bien la première et la plus naturelle.

CHAPITRE IX.

Et la plus utile.

CONSIDÉRONS maintenant la droite fin du gouvernement, et les obstacles qui l'en éloignent. Cette fin est sans contredit le plus grand intérêt de l'état et du roi ; ces obstacles sont, outre le défaut de lumières, l'intérêt particulier des administrateurs : d'où il suit que, plus ces intérêts particuliers trouvent de gêne et d'opposition, moins ils balancent l'intérêt public ; de sorte que s'ils pouvaient se heurter et se détruire mutuellement, quelque vifs qu'on les supposât, ils deviendraient nuls dans la délibération, et l'intérêt public serait seul écouté. Quel moyen plus sûr peut-on donc avoir d'anéantir tous ces intérêts particuliers, que de les opposer entre eux par la multiplication des opinants ? Ce qui fait les intérêts particuliers, c'est qu'ils ne

s'accordent point ; car, s'ils s'accor-
daient, ce ne serait plus un intérêt particulier, mais commun. Or, en détruisant tous ces intérêts l'un par l'autre,
reste l'intérêt public, qui doit gagner
dans la délibération tout ce que perdent
les intérêts particuliers.

Quand un visir opine sans témoins
devant son maître, qu'est-ce qui gêne
alors son intérêt personnel ? A-t-il besoin de beaucoup d'adresse pour en imposer à un homme aussi borné que doivent l'être ordinairement les rois, cir-
conscrits par tout ce qui les environne
dans un si petit cercle de lumières ? Sur
des exposés falsifiés, sur des prétextes
spécieux, sur des raisonnements sophis-
tiques, qui l'empêche de déterminer le
prince, avec ces grands mots d'*honneur
de la couronne* et de *bien de l'état*, aux
entreprises les plus funestes, quand elles
lui sont personnellement avantageuses ?
Certes c'est grand hasard si deux inté-

rêts particuliers aussi actifs que celui du visir et celui du prince, laissent quelque influence à l'intérêt public dans les délibérations du cabinet.

Je sais bien que les conseillers de l'état seront des hommes comme les visirs; je ne doute pas qu'ils n'aient souvent, ainsi qu'eux, des intérêts particuliers opposés à ceux de la nation, et qu'ils ne préférassent volontiers les premiers aux autres en opinant : mais, dans une assemblée dont tous les membres sont clairvoyants et n'ont pas les mêmes intérêts, chacun entreprendrait vainement d'amener les autres à ce qui lui convient exclusivement ; sans persuader personne, il ne ferait que se rendre suspect de corruption èt d'infidélité. Il aura beau vouloir manquer à son devoir ; il n'osera le tenter, ou le tentera vainement au milieu de tant d'observateurs. il sera donc de nécessité vertu, en sacrifiant publiquement son intérêt particulier au bien de la patrie ; et, soit réalité, soit hypocrisie, l'effet sera le même en cette occasion pour le bien de la société. C'est qu'alors un intérêt particulier très-fort, qui est celui de sa réputation, concourt avec l'intérêt public. Au lieu qu'un visir, qui sait, à la faveur des ténèbres du cabinet, dérober à tous les yeux le secret de l'état, se flatte toujours qu'on ne pourra distinguer ce qu'il fait en apparence pour l'intérêt public, de ce qu'il fait réellement pour le sien ; et comme, après tout, ce visir ne dépend que de son maître qu'il trompe aisément, il s'embarrasse fort peu des murmures de tout le reste.

CHAPITRE X.

Autres avantages.

DE ce premier avantage on en voit découler une foule d'autres qui ne peuvent avoir lieu sans lui. Premièrement, les résolutions de l'état seront moins souvent fondées sur des erreurs de fait, parce qu'il ne sera pas aussi aisé à ceux qui feront le rapport des faits de.les déguiser devant une assemblée éclairée, où se trouveront presque toujours d'autres témoins de l'affaire, que devant un prince qui n'a rien vu que par les yeux de son visir. Or, il est certain que la plupart des résolutions d'état dépendent de la connaissance des faits; et l'on peut dire même en général, qu'on ne prend guères d'opinions fausses qu'en supposant vrais des faits qui sont faux, ou faux des faits qui sont vrais. En second lieu, les impôts seront portés à un excès moins insupportable, lorsque le prince pourra être éclairé sur la véritable situation de ses peuples et sur ses véritables besoins. Mais ces lumières, ne les trouvera-t-il pas plus aisément dans un conseil dont plusieurs membres n'auront aucun maniement de finances ni aucun ménagement à garder, que dans un visir qui veut fomenter les passions de son maître, ménager les fripons en faveur, enrichir ses créatures, et faire sa main pour lui-même ? On voit encore que les femmes auront moins de pouvoir, et que par conséquent l'état en ira mieux : car il est plus aisé à une femme intrigante de placer un visir que cinquante conseillers, et de séduire un homme que tout un collège. On voit que les affaires ne seront plus suspendues ou bouleversées par le déplacement d'un visir, qu'elles seront plus exactement expédiées quand, liées par une commune délibération, l'exécution sera cependant partagée entre plusieurs conseillers qui auront chacun leur département, que lorsqu'il faut que tout sorte d'un même bureau ; que les systèmes politiques seront mieux suivis et les réglements beaucoup mieux observés, quand il n'y aura plus de révolution dans le ministère, et que chaque visir ne se fera plus un point d'honneur de détruire tous les établissements utiles de celui qui l'aura précédé, de sorte qu'on sera sûr qu'un projet une fois formé ne sera plus abandonné que lorsque l'exécution en aura été reconnue impossible ou mauvaise.

A toutes ces conséquences, ajoutez-en deux non moins certaines, mais plus importantes encore, qui n'en sont que le dernier résultat, et doivent leur donner un prix que rien ne balance aux yeux du vrai citoyen. La première, que dans un travail commun, le mérite, les talents, l'intégrité se feront plus aisément connaître et récompenser; soit dans les membres des conseils, qui seront sans cesse sous les yeux les uns des autres et de tout l'état; soit dans le royaume entier, où nulles actions remarquables, nuls hommes dignes d'être distingués, ne peuvent se dérober longtemps aux regards d'une assemblée qui veut et peut tout voir, et où la jalousie et l'émulation des membres les porteront souvent à se faire des créatures qui effacent en mérite celles de leurs rivaux. La seconde et dernière conséquence est, que les honneurs et les emplois distribués avec plus d'équité et de raison, l'intérêt de l'état et du prince mieux écouté dans les délibérations, les affaires mieux expédiées et le mérite plus honoré, doivent nécessairement réveiller dans le cœur du peuple cet amour de la patrie qui est le plus puissant ressort d'un sage gouvernement, et qui ne s'éteint jamais chez les citoyens que par la faute des chefs [2].

Tels sont les effets nécessaires d'une forme de gouvernement qui force l'intérêt particulier à céder à l'intérêt gé-

---

2 Il y a plus de ruse et de secret dans le visirat, mais il y a plus de lumières et de droiture dans la synodie.

néral. La polysynodie offre encore d'autres avantages qui donnent un nouveau
prix à ceux-là. Des assemblées nom-
breuses et éclairées fourniront plus de
lumières sur les expédients, et l'expérience confirme que les délibérations
d'un sénat sont en général plus sages
et mieux digérées que celles d'un visir.
Les rois seront plus instruits de leurs
affaires ; ils ne sauraient assister aux
conseils sans s'en instruire, car c'est-là
qu'on ose dire la vérité ; et les membres
de chaque conseil auront le plus grand
intérêt que le prince y assiste assidu-
ment, pour en soutenir le pouvoir ou
pour en autoriser les résolutions. Il y
aura moins de vexations et d'injustices
de la part des plus forts, car un conseil
sera plus accessible que le trône aux op-
primés ; ils courront moins de risque à
y porter leurs plaintes, et ils y trouveront toujours dans quelques membres
plus de protecteurs contre les violen-

ces des autres, que sous le visirat contre
un seul homme qui peut tout, ou contre
un demi-visir d'accord avec ses collè-
gues pour faire renvoyer à chacun d'eux
le jugement des plaintes qu'on fait contre lui. L'état souffrira moins de la minorité, de la faiblesse ou de la caducité
du prince. Il n'y aura jamais de ministre assez puissant pour se rendre, s'il
est de grande naissance, redoutable à
son maître même, ou pour écarter et
mécontenter les grands s'il est né de bas
lieu : par conséquent, il y aura d'un
côté moins de levains de guerres civiles, et de l'autre plus de sûreté pour la
conservation des droits de la maison
royale. Il y aura moins aussi de guerres
étrangères, parce qu'il y aura moins de
gens intéressés à les susciter, et qu'ils
auront moins de pouvoir pour en venir
à bout. Enfin le trône en sera mieux af-
fermi de toutes manières ; la volonté du
prince, qui n'est ou ne doit être que la

volonté publique, mieux exécutée, et par conséquent la nation plus heureuse.

Au reste, mon auteur convient lui-même que l'exécution de son plan ne serait pas également avantageuse en tous temps, et qu'il y a des moments de crise et de trouble où il faut substituer aux conseils permanents des commissions extraordinaires; et que quand les finances, par exemple, sont dans un certain désordre, il faut nécessairement les donner à débrouiller à un seul homme, comme Henri IV fit à Rosni et Louis XIV à Colbert. Ce qui signifierait que les conseils ne sont bons pour faire aller les affaires que quand elles vont toutes seules. En effet, pour ne rien dire de la polysynodie même du régent, l'on sait les risées qu'excita dans des circonstances épineuses ce ridicule conseil de raison, étourdiment demandé par les notables de l'assemblée de Rouen, et adroitement accordé par Henri IV. Mais, comme les finances des républiques sont en général mieux administrées que celles des monarchies, il est à croire qu'elles le seront mieux, ou du moins plus fidèlement par un conseil que par un ministre ; et que si peut-être un conseil est d'abord moins capable de l'activité nécessaire pour les tirer d'un état de désordre, il est aussi moins sujet à la négligence ou à l'infidélité qui les y font tomber : ce qui ne doit pas s'entendre d'une assemblée passagère et subordonnée, mais d'une véritable polysynodie, où les conseils aient réellement le pouvoir qu'ils paraissent avoir, où l'administration des affaires ne leur soit pas enlevée par des demi-visirs, et où, sous les noms spécieux de *conseil d'état* ou de *conseil des finances*, ces corps ne soient pas seulement des tribunaux de justice ou des chambres des comptes.

CHAPITRE XI.

Conclusion.

QUOIQUE les avantages de la polysynodie ne soient pas sans inconvénients, et que les inconvénients des autres formes d'administration ne soient pas sans avantages, du moins apparents, quiconque fera sans partialité le parallèle des uns et des autres, trouvera que la polysynodie n'a point d'inconvénients essentiels qu'un bon gouvernement ne puisse aisément supporter, au lieu que tous ceux du visirat et du demi-visirat attaquent les fondements mêmes de la constitution ; qu'une administration non interrompue peut se perfectionner sans cesse, progrès impossible dans les intervalles et révolutions du visirat ; que la marche égale et unie d'une polysynodie, comparée avec quelques moments brillants du visirat, est un so-

phisme grossier qui n'en saurait imposer au vrai politique, parce que ce sont
deux choses fort différentes que l'administration rare et passagère d'un bon
visir, et la forme générale du visirat
où l'on a toujours des siècles de désordre
sur quelques années de bonne conduite; que la diligence et le secret, les seuls
vrais avantages du visirat, beaucoup
plus nécessaires dans les mauvais gouvernements que dans les bons, sont de
faibles suppléments au bon ordre, à la
justice et à la prévoyance, qui prévien-
nent les maux au lieu de les réparer;
qu'on peut encore se procurer ces suppléments au besoin dans la polysynodie
par des commissions extraordinaires,
sans que le visirat ait jamais pareille
ressource pour les avantages dont il est
privé; que même l'exemple de l'ancien
sénat de Rome et de celui de Venise
prouve que des commissions ne sont pas
toujours nécessaires dans un conseil pour

expédier les plus importantes affaires promptement et secrètement ; que le visirat et le demi-visirat avilissant, corrompant, dégradant les ordres inférieurs, exigeraient pourtant des hommes parfaits dans ce premier rang ; qu'on n'y peut guères monter ou s'y maintenir qu'à force de crimes, ni s'y bien comporter qu'à force de vertus ; qu'ainsi, toujours en obstacle à lui-même, le gouvernement engendre continuellement les vices qui le dépravent, et, consumant l'état pour se renforcer, périt enfin comme un édifice qu'on voudrait élever sans cesse avec des matériaux tirés de ses fondements. C'est ici la considération la plus importante aux yeux de l'homme d'état, et celle à laquelle je vais m'arrêter. La meilleure forme de gouvernement, ou du moins la plus durable, est celle qui fait les hommes tels qu'elle a besoin qu'ils soient. Laissons les lecteurs réfléchir sur cet axiome, ils en feront aisément l'application.

JUGEMENT

SUR LA

POLYSYNODIE.

DE tous les ouvrages de l'abbé de Saint-Pierre, le discours sur la polysynodie est, à mon avis, le plus approfondi, le mieux raisonné, celui où l'on trouve le moins de répétitions, et même le mieux écrit ; éloge dont le sage auteur se serait fort peu soucié, mais qui n'est pas indifférent aux lecteurs superficiels. Aussi cet écrit n'était-il qu'une ébauche qu'il prétendait n'avoir pas eu le temps d'abréger, mais qu'en effet il n'avait pas eu le temps de gâter pour vouloir tout dire ; et Dieu garde un lecteur impatient des abrégés de sa façon !

Il a su même éviter dans ce discours le reproche si commode aux ignorants

qui ne savent mesurer le possible que sur
l'existant, ou aux méchants qui ne trouvent bon que ce qui sert à leur méchanceté, lorsqu'on montre aux uns et aux
autres que ce qui est pourrait être mieux ;
il a, dis-je, évité cette grande prise que
la sottise routinée a presque toujours
sur les nouvelles vues de la raison, avec
ces mots tranchants de *projets en l'air*
et de *rêveries :* car, quand il écrivait
en faveur de la polysynodie, il la trouvait établie dans son pays. Toujours paisible et sensé, il se plaisait à montrer
à ses compatriotes les avantages du gouvernement auquel ils étaient soumis ; il
en faisait une comparaison raisonnable
et discrète avec celui dont ils venaient
d'éprouver la rigueur. Il louait le système du prince régnant, il en déduisait
les avantages, il montrait ceux qu'on
y pouvait ajouter ; et les additions même
qu'il demandait consistaient moins, selon lui, dans des changements à faire,

que dans l'art de perfectionner ce qui
était fait. Une partie de ces vues lui
étaient venues sous le règne de Louis
XIV ; mais il avait eu la sagesse de les
taire jusqu'à ce que l'intérêt de l'état,
celui du gouvernement et le sien lui per-
missent de les publier.

Il faut convenir cependant que, sous
un même nom, il y avait une extrême
différence entre la polysynodie qui existait, et celle que proposait l'abbé de
Saint-Pierre ; et, pour peu qu'on y ré-
fléchisse, on trouvera que l'administration qu'il citait en exemple lui servait
bien plus de prétexte que de modele
pour celle qu'il avait imaginée. Il tour-
nait même avec assez d'adresse en objections contre son propre système les
défauts à relever dans celui du régent ;
et sous le nom de réponses à ses objections, il montrait sans danger et ces
défauts et leurs remèdes. Il n'est pas impossible que le régent, quoique souvent

loué dans cet écrit par des tours qui ne manquent pas d'adresse, ait pénétré la finesse de cette critique ; et qu'il ait abandonné l'abbé de Saint-Pierre par pique autant que par faiblesse, plus offensé peut-être des défauts qu'on trouvait dans son ouvrage, que flatté des avantages qu'on y faisait remarquer. Peut-être aussi lui sut-il mauvais gré d'avoir en quelque manière dévoilé ses vues secrètes, en montrant que son établissement n'était rien moins que ce qu'il devait être pour devenir avantageux à l'état, et prendre une assiette fixe et durable. En effet, on voit clairement que c'était la forme de polysynodie établie sous la régence, que l'abbé de Saint-Pierre accusait de pouvoir trop aisément dégénérer en demi-visirat et même en visirat ; d'être susceptible, aussi bien que l'un et l'autre, de corruption dans ses membres, et de concert entr'eux contre l'intérêt public ; de n'avoir jamais d'autre sûreté pour sa durée que la volonté du monarque régnant ; enfin de n'être propre que pour les princes laborieux, et d'être, par conséquent, plus souvent contraire que favorable au bon ordre et à l'expédition des affaires. C'était l'espoir de remédier à ces divers inconvénients qui l'engageait à proposer une autre polysynodie, entièrement différente de celle qu'il feignait de ne vouloir que perfectionner.

Il ne faut donc pas que la conformité des noms fasse confondre son projet avec cette ridicule polysynodie dont il voulait autoriser la sienne, mais qu'on appelait dès-lors par dérision les soixante et dix ministres, et qui fut réformée au bout de quelques mois sans avoir rien fait qu'achever de tout gâter : car la manière dont cette administration avait été établie fait assez voir qu'on ne s'était pas beaucoup soucié qu'elle allât mieux ; et qu'on avait bien plus songé à rendre le parlement méprisable au peuple, qu'à donner réellement à ses membres l'autorité qu'on feignait de leur confier. C'était un piége aux pouvoirs intermédiaires, semblable à celui que leur avait déja tendu Henri IV à l'assemblée de Rouen ; piége dans lequel la vanité les fera toujours donner, et qui les humiliera toujours. L'ordre politique et l'ordre civil ont dans les monarchies des principes si différents et des règles si contraires, qu'il est presque impossible d'allier les deux administrations, et qu'en général les membres des tribunaux sont peu propres pour les conseils, soit que l'habitude des formalités nuise à l'expédition des affaires qui n'en veulent point, soit qu'il y ait une incompatibilité naturelle entre ce qu'on appelle maximes d'état, et la justice et les lois.

Au reste, laissant des faits à part, je croirais, quant à moi, que le prince

et le philosophe pouvaient avoir tous
deux raison sans s'accorder dans leur
système ; car, autre chose est l'administration passagère et souvent orageuse
d'une régence, et autre chose une forme
de gouvernement durable et constante
qui doit faire partie de la constitution
de l'état. C'est ici, ce me semble, qu'on
retrouve le défaut ordinaire à l'abbé de
Saint-Pierre, qui est de n'appliquer jamais assez bien ses vues aux hommes,
aux temps, aux circonstances, et d'of-
frir toujours comme des facilités pour
l'exécution d'un projet, des avantages
qui lui servent souvent d'obstacles. Dans
le plan dont il s'agit, il voulait modi-
fier un gouvernement que sa longue durée a rendu déclinant, par des moyens
tout-à-fait étrangers à sa constitution
présente : il voulait lui rendre cette vigueur universelle qui met, pour ainsi
dire, toute la personne en action. C'é-
tait comme s'il eût dit à un vieillard

décrépit et goutteux, Marchez, travail-
lez, servez-vous de vos bras et de vos
jambes ; car l'exercice est bon à la santé.

En effet, ce n'est rien moins qu'une
révolution dont il est question dans la
polysynodie ; et il ne faut pas croire,
parce qu'on voit actuellement des conseils dans les cours des princes, et que
ce sont des conseils qu'on propose, qu'il
y ait peu de différence d'un système à
l'autre. La différence est telle, qu'il faudrait commencer par détruire tout ce
qui existe, pour donner au gouvernement la forme imaginée par l'abbé de
Saint-Pierre ; et nul n'ignore combien
est dangereux dans un grand état le
moment d'anarchie et de crise qui pré-
cède nécessairement un établissement
nouveau. La seule introduction du scrutin devait faire un renversement épou-
vantable, et donner plutôt un mouvement convulsif et continuel à chaque
partie, qu'une nouvelle vigueur au

corps. Qu'on juge du danger d'émouvoir une fois les masses énormes qui composent la monarchie française ! Qui pourra retenir l'ébranlement donné, ou prévoir tous les effets qu'il peut produire ? Quand tous les avantages du nouveau plan seraient incontestables, quel homme de sens oserait entreprendre d'abolir les vieilles coutumes, de changer les vieilles maximes, et de donner une autre forme à l'état que celle où l'a successivement amené une durée de treize cents ans ? Que le gouvernement actuel soit encore celui d'autrefois, ou que durant tant de siècles il ait changé de nature insensiblement, il est également imprudent d'y toucher. Si c'est le même, il faut le respecter ; s'il a dégénéré, c'est par la force du temps et des choses, et la sagesse humaine n'y peut rien. Il ne suffit pas de considérer les moyens qu'on veut employer, si l'on ne regarde en-

core les hommes dont on se veut servir:
or, quand toute une nation ne sait plus
s’occuper que de niaiseries, quelle attention peut-elle donner aux grandes choses ? et dans un pays où la musique est
devenue une affaire d’état, que seront
les affaires d’état sinon des chansons ?
Quand on voit tout Paris en fermen-
tation pour une place de baladin ou de
bel-esprit, et les affaires de l’académie
ou de l’opéra faire oublier l’intérêt du
prince et la gloire de la nation, que
doit-on espérer des affaires publiques
rapprochées d’un tel peuple, et trans-
portées de la cour à la ville ? Quelle
confiance peut-on avoir au scrutin des
conseils, quand on voit celui d’une académie au pouvoir des femmes ? Seront-
elles moins empressées à placer des ministres que des savants, ou se connaî-
tront- elles mieux en politique qu’en
éloquence ? Il est bien à craindre que
de tels établissements, dans un pays

où les mœurs sont en dérision, ne se fissent pas tranquillement, ne se maintinssent guères sans troubles, et ne donnassent pas les meilleurs sujets.

D'ailleurs, sans entrer dans cette vieille question de la vénalité des charges, qu'on ne peut agiter que chez des gens mieux pourvus d'argent que de mérite, imagine-t-on quelque moyen praticable d'abolir en France cette vénalité? ou penserait-on qu'elle pût subsister dans une partie du gouvernement et le scrutin dans l'autre, l'une dans les tribunaux, l'autre dans les conseils, et que les seules places qui restent à la faveur seraient abandonnées aux élections? Il faudrait avoir des vues bien courtes et bien fausses pour vouloir allier des choses si dissemblables, et fonder un même système sur des principes si différents. Mais laissons ces applications, et considérons la chose en elle-même.

3.   22

Quelles sont les circonstances dans lesquelles une monarchie héréditaire peut sans révolutions être tempérée par des formes qui la raprochent de l'aristocratie ? Les corps intermédiaires entre le prince et le peuple peuvent-ils, doivent-ils avoir une juridiction indépendante l'un de l'autre ? ou, s'ils sont précaires et dépendants du prince, peuvent-ils jamais entrer comme parties intégrantes dans la constitution de l'état, et même avoir une influence réelle dans les affaires ? Questions préliminaires qu'il fallait discuter, et qui ne semblent pas faciles à résoudre : car, s'il est vrai que la pente naturelle est toujours vers la corruption, et par conséquent vers le despotisme, il est difficile de voir par quelles ressources de politique le prince, même quand il le voudrait, pourrait donner à cette pente une direction contraire qui ne pût être changée par ses successeurs ni par leurs ministres. L'abbé de Saint-Pierre ne prétendait pas, à la vérité, que sa nouvelle forme ôtât rien à l'autorité royale : car il donne aux conseils la délibération des matières, et laisse au roi seul la décision. Ces différents conseils, dit-il, sans empêcher le roi de faire tout ce qu'il voudra, le préserveront souvent de vouloir des choses nuisibles à sa gloire et à son bonheur ; ils porteront devant lui le flambeau de la vérité, pour lui montrer le meilleur chemin et le garantir des piéges. Mais cet homme éclairé pouvait-il se payer lui-même de si mauvaises raisons ? Espérait-il que les yeux des rois pussent voir les objets à travers les lunettes des sages ? Ne sentait-il pas qu'il fallait nécessairement que la délibération des conseils devînt bientôt un vain formulaire, ou que l'autorité royale en fût altérée ? et n'avouait-il pas lui-même que c'était introduire un gouvernement mixte, où la forme républicaine s'alliait à la monarchique? En effet, des corps nombreux dont le choix ne dépendrait pas entièrement du prince, et qui n'auraient par eux-mêmes aucun pouvoir, deviendraient bientôt un fardeau inutile à l'état; sans mieux faire aller les affaires, ils ne feraient qu'en retarder l'expédition par de longues formalités, et, pour me servir de ses propres termes, ne seraient que des conseils de parade. Les favoris du prince, qui le sont rarement du public, et qui, par conséquent, auraient peu d'influence dans des conseils formés au scrutin, décideraient seuls toutes les affaires; le prince n'assisterait jamais aux conseils sans avoir déja pris son parti sur tout ce qu'on y devrait agiter, ou n'en sortirait jamais sans consulter de nouveau dans son cabinet, avec ses favoris, sur les résolutions qu'on y aurait prises. Enfin, il faudrait nécessairement que les conseils devinssent méprisables, ridicules et tout-à-fait inutiles, ou que les rois perdissent de leur pouvoir : alternative à laquelle ceux-ci ne s'exposeront certainement pas, quand même il en devrait résulter le plus grand bien de l'état et le leur.

Voilà, ce me semble, à peu près les côtés par lesquels l'abbé de Saint-Pierre eût dû considérer le fond de son système pour en bien établir les principes ; mais il s'amuse, au lieu de cela, à résoudre cinquante mauvaises objections qui ne valaient pas la peine d'être examinées, ou, qui pis est, à faire lui-même de mauvaises réponses quand les bonnes se présentent naturellement, comme s'il cherchait à prendre plutôt le tour d'esprit de ses opposants pour les ramener à la raison, que le langage de la raison pour convaincre les sages.

Par exemple, après s'être objecté que dans la polysynodie chacun des conseillers a son plan général ; que cette diversité produit nécessairement des décisions qui se contredisent, et des embarras dans le mouvement total; il répond à cela qu'il ne peut y avoir d'autre plan général que de chercher à perfectionner les réglemens qui roulent sur toutes les parties du gouvernement. Le meilleur plan général n'est-ce pas, dit-il, celui qui va le plus droit au plus grand bien de l'état dans chaque affaire particulière? D'où il tire cette conclusion très-fausse, que les divers plans généraux, ni par conséquent les réglemens et les affaires qui s'y rapportent, ne peuvent jamais se croiser ou se nuire mutuellement.

En effet, le plus grand bien de l'état n'est pas toujours une chose si claire, ni qui dépende autant qu'on le croirait du plus grand bien de chaque partie; comme si les mêmes affaires ne pouvaient pas avoir entr'elles une infinité d'ordres divers et de liaisons plus ou moins fortes qui forment autant de différences dans les plans généraux. Ces plans bien digérés sont toujours doubles, et renferment dans un systême comparé la forme actuelle de l'état et sa forme perfectionnée selon les vues de l'auteur. Or, cette perfection dans un tout aussi composé que le corps politique, ne dépend pas seulement de celle de chaque partie, comme pour ordonner un palais il ne suffit pas d'en bien disposer chaque pièce ; mais il faut de plus considérer les rapports du tout, les liaisons les plus convenables, l'ordre le plus commode, la plus facile communication, le plus parfait ensemble, et la symétrie la plus régulière. Ces objets généraux sont si importants, que l'habile architecte sacrifie au mieux du tout mille avantages particuliers qu'il aurait pu conserver dans une ordonnance moins parfaite et moins simple. De même, le politique ne regarde en particulier ni les finances, ni la guerre, ni le commerce; mais il rapporte toutes ces parties à un objet commun ; et des proportions qui leur conviennent le mieux, résultent les plans généraux dont les dimensions peuvent varier de mille manières, selon les idées et les vues de ceux qui les ont formés, soit en cherchant la plus grande perfection du tout, soit en cherchant la plus facile exécution, sans qu'il soit aisé quelquefois de démêler celui de ces plans qui mérite la préférence. Or, c'est de ces plans qu'on peut dire que si chaque conseil et chaque conseiller a le sien, il n'y aura que contradictions dans les affaires et qu'embarras dans le mouvement commun : mais le plan général, au lieu d'être celui d'un homme ou d'un autre, ne doit être et n'est en effet dans la polysynodie que celui du gouvernement ; et c'est à ce grand modèle que se rapportent nécessairement les délibérations communes de chaque conseil, et le travail particulier de chaque membre. Il

est certain même qu'un pareil plan se
médite et se conserve mieux dans le dé-
pôt d'un conseil, que dans la tête d'un
ministre et même d'un prince : car chaque visir a son plan qui n'est jamais celui
de son devancier, et chaque demi-visir
aussi le sien qui n'est ni celui de son devancier, ni celui de son collègue ; aussi
voit-on généralement les républiques
changer moins de systèmes que les monarchies. D'où je conclus avec l'abbé de
Saint-Pierre, mais par d'autres raisons,
que la polysynodie est plus favorable
que le visirat et le demi-visirat à l'unité
du plan général.

A l'égard de la forme particulière de
sa polysynodie, et des détails dans lesquels il entre pour la déterminer, tout
cela est très-bien vu, et fort bon séparément pour prévenir les inconvénients
auxquels chaque chose doit remédier :
mais quand on en viendrait à l'exécution, je ne sais s'il régnerait assez d'har-

monie dans le tout ensemble ; car il paraît que l'établissement des grades s'accorde mal avec celui de la circulation, et le scrutin plus mal encore avec l'un et l'autre. D'ailleurs, si l'établissement est dangereux à faire, il est à craindre que, même après l'établissement fait, ces différents ressorts ne causent mille embarras et mille dérangements dans le jeu de la machine, quand il s'agira de la faire marcher.

La circulation de la présidence en particulier serait un excellent moyen pour empêcher la polysynodie de dégénérer bientôt en visirat, si cette circulation pouvait durer, et qu'elle ne fût pas arrêtée par la volonté du prince, en faveur du premier des présidents qui aura l'art toujours recherché de lui plaire. C'est-à-dire que la polysynodie durera jusqu'à ce que le roi trouve un visir à son gré ; mais sous le visirat même on n'a pas un visir plus tôt que cela. Faible remède, que celui dont la vertu s'éteint à l'approche du mal qu'il devrait guérir!

N'est-ce pas encore un mauvais expédient de nous donner la nécessité d'obtenir les suffrages une seconde fois, comme un frein pour empêcher les présidents d'abuser de leur crédit la premiere? Ne sera-t-il pas plus court et plus sûr d'en abuser au point de n'avoir plus que faire de suffrages? et notre auteur lui-même n'accorde-t-il pas au prince le droit de prolonger au besoin les présidents à sa volonté, c'est-à-dire, d'en faire de véritables visirs? Comment n'a-t-il pas aperçu mille fois dans le cours de sa vie et de ses écrits, combien c'est une vaine occupation de rechercher des formes durables pour un état de choses qui dépend toujours de la volonté d'un seul homme?

Ces difficultés n'ont pas échappé à l'abbé de Saint-Pierre, mais peut-être lui convenait-il mieux de les dissimuler que de les résoudre. Quand il parle de ces contradictions, et qu'il feint de les concilier, c'est par des moyens si absurdes et des raisons si peu raisonnables, qu'on voit-bien qu'il est embarrassé, ou qu'il ne procède pas de bonne foi. Serait-il croyable qu'il eût mis en avant si hors de propos, et compté parmi ces moyens l'amour de la patrie, le bien public, le desir de la vraie gloire, et d'autres chimères évanouies depuis longtemps, ou dont il ne reste plus de traces que dans quelque petites républiques? Penserait-il sérieusement que rien de tout cela pût réellement influer dans la forme d'un gouvernement monarchique? et après avoir cité les Grecs, les Romains, et même quelques modernes qui avaient des ames anciennes, n'avoue-t-il pas lui-même qu'il serait ridicule de fonder la constitution de l'état sur des maximes éteintes? Que fait-il donc pour suppléer à ces moyens étrangers dont il reconnaît

l'insuffsance ? Il lève une difficulté par
une autre, établit un système sur un systême, et fonde sa polysynodie sur sa république européenne. Cette république,
dit-il, étant garante de l'exécution des
capitulations impériales pour l'Allemagne, des capitulations parlementaires
pour l'Angleterre, des *pacta conventa*
pour la Pologne, ne pourrait-elle pas
l'être aussi des capitulations royales si-
gnées au sacre des rois pour la forme du
gouvernement, lorsque cette forme serait passée en loi fondamentale ? Et après
tout, garantir les rois de tomber dans
la tyrannie des Nérons, n'est-ce pas les
garantir, eux et leur postérité, de leur
ruine totale ?

On peut, dit-il encore, faire passer le
réglement de la polysynodie en forme de
loi fondamentale dans les états généraux du royaume, la faire jurer au sacre
des rois, et lui donner ainsi la même
autorité qu'à la loi salique.

3.

La plume tombe des mains quand on voit un homme sensé proposer sérieusement de semblables expédients.

Ne quittons point cette matière sans jeter un coup-d'œil général sur les trois formes de ministere comparées dans cet ouvrage.

Le visirat est la dernière ressource d'un état défaillant ; c'est un palliatif quelquefois nécessaire qui peut lui rendre pour un temps une certaine vigueur apparente : mais il y a dans cette forme d'administration une multiplication de forces tout-à-fait superflue dans un gouvernement sain. Le monarque et le visir sont deux machines exactement semblables, dont l'une devient inutile sitôt que l'autre est en mouvement : car en effet, selon le mot de Grotius, *qui regit, rex est.* Ainsi l'état supporte un double poids qui ne produit qu'un effet simple. Ajoutez à cela, qu'une grande partie de la force du visirat étant employée à rendre le visir nécessaire et à le maintenir en place, est inutile ou nuisible à l'état. Aussi l'abbé de Saint-Pierre appelle-t-il avec raison le visirat, une forme de gouvernement grossière, barbare, pernicieuse aux peuples, dangereuse pour les rois, funeste aux maisons royales ; et l'on peut dire qu'il n'y a point de gouvernement plus déplorable au monde, que celui où le peuple est réduit à désirer un visir. Quant au demi-visirat, il est avantageux sous un roi qui sait gouverner et réunir dans ses mains toutes les rênes de l'état ; mais sous un prince faible ou peu laborieux, cette administration est mauvaise, embarrassée, sans système et sans vues, faute de liaison entre les parties et d'accord entre les ministres, surtout si quelqu'un d'entr'eux plus adroit ou plus méchant que les autres tend en secret au visirat. Alors tout se passe en intrigues de cour, l'état demeure en langueur ; et, pour trouver la raison de tout ce qui se fait sous un semblable gouvernement, il ne faut pas demander à quoi cela sert, mais à quoi cela nuit.

Pour la polysynodie de l'abbé de Saint-Pierre, je ne saurais voir qu'elle puisse être utile ni praticable dans aucune véritable monarchie; mais seulement dans une sorte de gouvernement mixte, où le chef ne soit que le président des conseils, n'ait que la puissance exécutive, et ne puisse rien par lui-même. Encore ne saurais-je croire qu'une pareille administration pût durer long-temps sans abus: car les intérêts des sociétés particelles ne sont pas moins séparés de ceux de l'état, ni moins pernicieux à la république, que ceux des particuliers; et ils ont même cet inconvénient de plus, qu'on se fait gloire de soutenir, à quelque prix que ce soit, les droits ou les prétentions du corps dont on est membre, et que ce qu'il y a de malhonnête à se préférer aux autres s'évanouissant à la faveur d'une société nombreuse dont on fait partie, à force d'être bon sénateur on devient enfin mauvais citoyen. C'est ce qui rend l'aristocratie la pire des souverainetés [1]; c'est ce qui rendrait peut-être la polysynodie le pire de tous les ministères.

[1] Je parierais que mille gens trouveront encore ci une contradiction avec le *Contrat social*. Cela prouve qu'il y a encore plus de lecteurs qui devraient apprendre à lire, que d'auteurs qui devraient apprendre à être conséquents.

FIN DU TOME TROISIÈME.

TABLE.

Fin de la Table.